13 95

Poetry of Northeast Scotland

Poetry
of Northeast
Scotland

EDITED FOR THE GRAMPIAN REGIONAL COUNCIL BY

James N. Alison

FOREWORD BY

John R. Allan

HEINEMANN EDUCATIONAL BOOKS

LONDON AND EDINBURGH

Heinemann Educational Books Ltd

LONDON   EDINBURGH   MELBOURNE   AUCKLAND   TORONTO

HONG KONG   SINGAPORE   KUALA LUMPUR

IBADAN   NAIROBI   LUSAKA

JOHANNESBURG   NEW   DELHI

KINGSTON

ISBN 0 435 14020 5 (cased)
0 435 14021 3 (paper)

Published by
Heinemann Educational Books Ltd
48 Charles Street, London W1X 8AH
Printed and bound in Great Britain by
Morrison & Gibb Ltd, London and Edinburgh

Contents and Biographical Notes

JOHN BARBOUR (c. 1320–1395)

Archdeacon of Aberdeen, he wrote propaganda for the early Stuart kings and was paid a pension out of Aberdeen's funds. In his epic historical poem The Bruce *he virtually created the image of Robert the Bruce as the heroic champion of Scottish national independence. Barbour is generally regarded as the father of Scottish Literature.*

WILLIAM BARCLAY (c. 1570–1630)

Belonged to the family of Barclay of Towie, between Fyvie and Turriff. A Doctor of Medicine and a Catholic, he spent most of his life in Belgium and France as a student and Professor. The poem in praise of tobacco is exceptional, most of his writings being in Latin. Amongst his Latin poems is a sentimental farewell to Aberdeen and a prose work praising its medicinal Spa Well.

ARTHUR JOHNSTON (1587?–1641)

Royal Physician to James I and Charles I, Johnston belonged to the family of Johnston of Caskieben, near Inverurie. He is a good example of the distinguished Scot abroad, teaching in numerous European Universities. He was one of the most renowned of the post-classical Latin poets. He celebrated the beauties of his native Donside in some of his poems. In 1637 he became Rector of King's College, Aberdeen and died in Oxford in 1641 at the outbreak of the Civil War. He was a friend of George Jamesone, the Aberdeen painter. Two of Jamesone's portraits of Johnston survive in Aberdeen University.

JAMES GRAHAM, MARQUIS OF MONTROSE
(1612–1650)

Montrose, 'the foremost Scottish man of action', is intermittently but notably associated with the region. In 1629, on the eve of his wedding, he was made a burgess of Aberdeen and had a fine portrait painted by Jamesone, which still hangs in Kinnaird Castle, his wife's family home near Montrose.

His later visits, during 'The Troubles' of the Civil War, were less happy. In 1638 he led a fruitless Covenant deputation to Aberdeen and a year later captured the city after a skirmish at The Bridge of Dee (see 'Bonnie John Seton'). As Charles I's Lieutenant in Scotland he was responsible for the ravaging of Aberdeen that followed the Battle of the Justice Mills in 1644. His campaigning in the Northeast—Turriff, Fyvie, Auldearn, Alford—is a classic of military history.

When he was executed in Edinburgh, one of his hands was sent for public display on the Tolbooth of Aberdeen. In reputation he degenerated into a popular bogeyman for Aberdeen children.

TRADITIONAL BALLADS & FOLK SONG

A large proportion of the great ballads of Scottish oral tradition comes from the Northeast (roughly one in three). The habit of ballad singing persisted so long among the country folk of the region that Gavin Greig (1856–1914), dominie of Whitehill, New Deer, was able in the years before the First World War to collect from local informants no less than three thousand *texts and tunes of traditional ballads and folk songs. This great collection is preserved in Aberdeen University Library.*

GEORGE HALKET or HACKET (16?–1756)

Halket was dominie at Rathen near Fraserburgh from 1714 until 1725 when, like William Forbes, he was sacked by the Kirk Session for 'faults and gross miscarriages'. However he obtained another post in the area, at Cairnbulg. It is said that he was the author of some vigorous Jacobite verse and in 1746 had a price put on his head by the Duke of Cumberland for a satire on George II. His authorship of 'Logie o' Buchan' is not certain.

ALEXANDER ROSS (1699–1784)

Born at Kincardine O' Neil of farming stock and educated at Marischal College, Ross spent his long life as a country schoolmaster at Aboyne, Laurencekirk and finally in the remoteness of Lochlee at the head of Glenesk in the eastern Grampians. Burns playfully called him 'a wild warlock'. He was best known for his sentimental Scots pastoral 'Helenore or the Fortunate Shepherdess', which in a Grampian setting describes the abduction of the hero Lindy by Highland caterans and the attempt of the shepherdess Nory to trace him.

WILLIAM FORBES (1705?–17?)

The Battle of Corrichie, a 'literary' imitation of traditional oral ballads such as the Battle of Harlaw, was attributed to Forbes when it was first printed in 1772. William Forbes became precentor and dominie at Peterculter in 1724 but neglected his job in favour of fishing and shooting and had his pay stopped. In 1733 he was forced to admit by letter to a child by a servant girl. He had not waited to be dismissed but had absconded to Ireland as a recruit in the Royal Scots. In 1746 he published a clumsy, amusingly impenitent verse account of his disgrace, 'The Dominie Deposed'. This shared with Burness's 'Thrummy Cap' an immense and lasting popularity with ordinary folk in the Northeast.

VANLU (Eighteenth Century)

The identity of the author of this version of Horace's 'winter' ode, 'Vides ut alta stet', has never been discovered.

When first published in Ruddiman's Weekly Magazine *it was annotated: 'Aberdeen January 22, 1773'. Horace's frosty theme has made this particular ode probably the most popular of all Latin poems for Scots translators. At least seven different poets have rendered it in a Scottish setting. For the original and a modern English translation, see the Penguin Classics translation of* The Odes of Horace, *by James Michie, Pages 34 and 35.*

JOHN SKINNER (1721–1807)

Skinner was a native of Birse. After education at Marischal he became a teacher at Monymusk where he was a protégé of the Grants. He then entered the Episcopal Church. For sixty-four years he was minister at Longside near Peterhead. His loyalty as a 'Non-juror' to the Stuart cause brought him poverty and persecution, including a spell in prison in 1753. In old age he was a correspondent of Burns.

JOHN EWEN (1741–1821)

Born in Montrose of tinker origins, Ewen progressed from hawker to fashionable jeweller with premises in Aberdeen's Castlegate. He was an enlightened and central figure in the artistic, civic and business life of the city for many years. 'The Boatie Rows' is said to be based on an older song called 'The Fisher's Rant of Fittie'.

ALEXANDER GORDON, FOURTH DUKE OF GORDON (1743–1827)

The Fourth Duke, 'The greatest subject in Britain', was the husband of the high spirited, eccentric Jane Maxwell, Burns's patroness. He was himself patron of Scotland's finest composer of fiddle music, William Marshall, who was butler and clock maker at the Bog of Gight. The Duke's version of 'Cauld Kail' (one of five) is a valuable insight into the history of Scottish country dancing. He was responsible for a grand rebuilding of Gordon Castle and for laying out the town of Fochabers.

ALEXANDER WATSON (1744–1831)

Watson was a master tailor and a burgess of the city of Aberdeen. He is said to have boasted that he 'made the first pair o' breeks' for Lord Byron when the latter was a boy in Broad Street.

WILLIAM LILLIE (c. 1766–18?)

Little is known of Lillie except that he was of Inverugie farming stock, was self-educated and became clerk to a local bleachfield. Skinner of Longside in correspondence with Burns in 1788 spoke of one of Lillie's songs as 'a production of genius in a ploughman of twenty years of age . . . with no more education than what he picked up at an old farmer-grandfather's fire-side'.

JOHN BURNESS (1771–1824)

Burness, second cousin of Robert Burns, was born at Bogjorgan, near Drumlithie. He was a farmer, baker, soldier and bookpedlar. Burns, whom he met in Dumfries, is said to have admired 'Thrummy Cap'. Like his hero, Thrummy, Burness had a misadventure in a snowstorm but for him it ended tragically: he was found frozen to death in the snow near Portlethen. In the nineteenth century 'Thrummy Cap' was easily the best known yarn of the whole northeastern countryside. It is based on an ageless folk theme uniting haunting, trials of courage and hidden treasure.

GEORGE BEATTIE (1786–1823)

Born at Hill of Morphie on the North Esk, Beattie was a Montrose lawyer with a considerable local reputation as a wit. He shot himself after being sensationally jilted by a neighbouring heiress. His grave in the old Nether Kirkyard below the St. Cyrus cliffs is a Kincardine beauty spot. 'John o' Arnha', which obviously owes a good deal to 'Tam o' Shanter', contains in its central character a comic portrait of John Finlay, a notorious town officer of Montrose. The Kelpie-haunted Ponnage Pool of the North Esk figures frequently in northeastern lore and literature.

ALEXANDER GAVIN (17?–18?)

A medical student at Marischal College in the 1790s, Gavin became a navy surgeon, and then a doctor at Strichen. 'Mormond Braes', existing in different versions, is often regarded as an anonymous folk song, but Gavin Greig notes that it was locally believed that Dr Gavin was the author.

GEORGE GORDON, LORD BYRON (1788–1824)

Scots have perhaps made overmuch of Byron's Scottish antecedents, but Byron himself set the precedent in Canto X of Don Juan. On his mother's side he was of the Gordons of Gight (pronounced Gecht—on the Ythan below Fyvie) one of the most feckless and murderous branches of the 'gey Gordons'. As a boy he lived for a time with his mother in Broad Street, Aberdeen and for four years attended the Grammar School. He spent a summer holiday on Ballaterach farm on the south bank of the Dee opposite Cambus o' May.

WILLIAM ANDERSON (1802–1867)

Born in the Green, Aberdeen, Anderson was a coppersmith to trade and then a weaver. He worked in a factory on Windmill Brae until ill health forced him to change jobs. He joined the Aberdeen Harbour Police and rose to the position of Lieutenant. He contributed verse to the Aberdeen Herald, which published a collection of his poetry in 1851.

ALEXANDER TAYLOR (1805–18?)

*Taylor was born at Conie, Fetteresso and educated at Stonehaven.
He trained as a solicitor's clerk and worked in Edinburgh. His poem
'Lummie' based on events of a local scandal involving the farmer of
Lumgair near Dunnottar, was published in four episodes in the*
Aberdeen Herald *in 1857.*

GEORGE MACDONALD (1824–1905)

*Born in Huntly, Macdonald after study at King's College became for
a short time a Congregational minister in England, until difficulties
about doctrine led to his dismissal. He developed into a prolific
best-selling novelist with some modest elements of northeastern
language and background in his work. Best remembered now, like
his friend Lewis Carroll, as a writer of fantasy, he was extremely
versatile. In 1893 he produced a dialect collection* Scotch Songs and
Ballads.

DAVID GRANT (1832–1886)

*Grant was born at Affrusk near the picturesque meeting of the waters
of the Feugh and the Dee at Banchory, and spent his boyhood at
Strachan, further up the Feugh. He was a pupil of Aberdeen
Grammar School and a student at Marischal but because of ill health
he failed to graduate. His strenuous life's work as a headmaster and
newspaper editor in Caithness, Glasgow, Sheffield and Edinburgh,
was dogged by illness, poverty and bad luck. Gladstone (whose family
had an estate near Strachan) was prevailed upon to award a Civil
List pension to Grant, but the poet died before the good news could
reach him.*

ANON (Nineteenth Century)

xi

BOTHY BALLADS

In the nineteenth century, unmarried male farm-servants lived a communal life in harsh conditions in primitive outbuildings or bothies, on the 'ferm-toun'. Their work songs describe, often unflatteringly, the personalities and the conditions on the farms on which they were fee'd. In addition to Gavin Greig, a notable collector of these songs was Superintendent John Ord of the City of Glasgow Police, who produced Bothy Songs and Ballads *(1930).*

J. PITTENDRIGH MACGILLIVRAY (1856–1938)

Born at Port Elphinstone, Inverurie, MacGillivray, King's Limner for Scotland, was the sculptor responsible for the statue of Byron in the ground of Aberdeen Grammar School (now Rubislaw Academy). He had a great respect for the Scots vernacular verse movement of the eighteenth century and went to pains to have his books handsomely printed in the actual form and style of the 'Kilmarnock' Burns.

MARY SYMON (1863–1938)

Lived at Pittyvaich near Dufftown in Banffshire. She made a name with her poems of lament for the dead of World War I (notably 'The Glen's Muster-Roll'). When her collection 'Deveron Days' was published in 1933, the first edition sold out in a week. She was one of Hugh MacDiarmid's early collaborators in Northern Numbers.

VIOLET JACOB (1863–1946)

Mrs Jacob (née Kennedy-Erskine) was sister of the nineteenth Laird of Dun. The Erskines had held the lands of Dun (on the shore of the South Esk basin between Brechin and Montrose) since before the fifteenth century, and the fifth Laird, an associate of John Knox, had been a principal architect of the Scottish Reformation. Mrs Jacob was steeped in the lore and language of the Mearns and all her work

*(poetry, short stories, and family history) is taken up with it. With
Helen Cruickshank, Marion Angus, Mary Symon, Charles Murray
and Sir Alexander Gray she provided the northeastern ingredient in
Hugh MacDiarmid's influential* Northern Numbers *published from
Montrose (1920–1923).*

GEORGE BRUCE THOMSON (1864–1914)

*A native of New Deer where his father had a chemist's business,
Thomson was a friend of Gavin Greig who gave his poems publicity
in his folk song articles in the* Buchan Observer *(1907–1911).
Thomson's songs have been readily absorbed into the folk tradition. His
spelling of Scots is roughly phonetic.*

CHARLES MURRAY (1864–1941)

*Born and educated at Alford, Murray trained as a surveyor in
Aberdeen and emigrated to South Africa in 1888, where he spent the
rest of his working life, rising to be Secretary for Public Works to the
South African Government. Although he frequently revisited the
Northeast on lengthy spells of leave, and retired to Banchory, his
love of the land and its people was really clarified and crystallized
by separation. His verse has always enjoyed considerable popularity
in the Northeast and his collections* Hamewith *and* Last Poems *have
been consistent local best sellers since their date of publication.*

MARION ANGUS (1866–1946)

*A native of Aberdeen, she spent her childhood in Arbroath where her
father was a minister, but much of her verse, in Scots and English,
is located on the middle reaches of Deeside. She did not start writing
poetry until she was in her fifties. Of the talented group of women*

poets writing in the region in the post-1918 period, Marion Angus is sometimes regarded as the best, but she lacks the variety of Violet Jacob.

DAVID RORIE (1867–1946)

Born in Edinburgh of Deeside parentage, Rorie was educated in Aberdeen and studied medicine at Aberdeen and Edinburgh universities. He was a colliery surgeon in Fife and latterly a G.P. at Cults. He had a distinguished record in the R.A.M.C. during the First World War and was an authority on the folk lore of mining. His whigmaleerie song composed in 1890, 'The Lum Hat Wantin' a Croon', has long enjoyed the status of folk song.

W. A. MACKENZIE (1871–19?)

A Highlander, Mackenzie started upon medical studies but found himself so involved in undergrad journalism that he abandoned his course to become a professional journalist, first in Aberdeen, then on Fleet Street. In 1911 he made a name for himself with 'Rowton Home Rhymes', a series of Kiplingesque vignettes, some in Cockney, of down-and-outs in a London doss house.

A. W. MAIR (1875–1928)

A native of Grange near Keith, Mair was educated at Keith Grammar School and went on to be an outstandingly brilliant student of Classics at Aberdeen. He was a fellow of Caius College, Cambridge, and became Professor of Greek in Edinburgh in 1903. He had a considerable reputation as a poet in classical Greek. Grierson spoke of him as 'perhaps the last of the Greek poets'.

G. S. MORRIS (1876–1958)

Morris was born in Aberdeen and educated at Robert Gordon's. He trained in the family blacksmith business in Langstane Place and then took over his own farm at Keith Hall. He was highly skilled with horses. He later ran a motor cycle business and a hotel in Old Meldrum. He was a talented popular entertainer and one of the first to make commercial records of cornkisters and bothy ballads.

RACHEL ANNAND TAYLOR (1876–1960)

Mrs Taylor, a native of Peterhead, was daughter of J. W. Annand, a pioneer of the Labour Movement. She studied under Grierson, but did not graduate. After teaching for a time in the High School for Girls, she went to London and entered journalism. She devoted herself to a study of the Italian and French Renaissance, her main work being a biography Leonardo the Florentine. *Most of her poetry, explores Renaissance themes, as does her essay* Dunbar and his Period. *She was made LL.D. of Aberdeen University in 1943.*

J. M. CAIE (1878–1949)

Caie was born at Banchory-Devenick and educated at Milne's Institute, Fochabers, his father being minister of Enzie. He studied at Aberdeen University and the North of Scotland College of Agriculture. He lectured in Agriculture in Ireland, Edinburgh and Aberdeen and was latterly a senior civil servant, Deputy Secretary of the Department of Agriculture. This professional background gives a distinctive dimension to Caie's sketches of rural life in Banffshire.

W. M. CALDER (1881–1960)

Born at Edinkillie near Forres and educated at Robert Gordon's Aberdeen, Calder succeeded A. W. Mair in the Chair of Greek at Edinburgh in 1930. He had previously been Professor at Manchester, and had studied at Berlin, Rome, Paris, Oxford, and Edinburgh, as well as Aberdeen.

SIR ALEXANDER GRAY (1882–1968)

Gray was a native of Angus. He was educated in Dundee and studied at Edinburgh, Gottingen and Paris. He was first Jeffrey Professor of Political Economy in Aberdeen from 1921–34, and it is to this period that much of the best of his dialect verse and translations belongs. He was particularly successful in his renderings from German and Danish into Scots.

ANDREW YOUNG (1885–1971)

Young was born in Elgin but moved at an early age to Edinburgh, being educated at the Royal High School and Edinburgh University. He spent most of his long life in Sussex as a vicar of the Church of England. His connection with the North is thus apparently tenuous, but he loved Scotland and as an enthusiastic mountaineer and naturalist he often revisited the area, particularly his native Moray and the Cairngorms.

HELEN B. CRUICKSHANK (1886–1975)

Born and reared at Hillside, between Montrose and the North Esk, Miss Cruickshank passed her working life as a civil servant, first in London, then in Edinburgh. She was a supporter and friend of Hugh MacDiarmid from his early Montrose days, and his successor as secretary of the Scottish Centre of P.E.N.

AGNES MURIEL (MURE) MACKENZIE (1891–1955)

Miss Mackenzie was the daughter of a Stornaway doctor. She overcame considerable handicaps of short-sightedness and deafness to take a distinguished degree in English at Aberdeen. She was the first woman editor of the students' magazine and contributed to various collections of university verse. She was a prolific, vigorously opinionated historian of Scotland and a sensitive anthologizer. She described herself as 'a novelist by profession'. Like some of David Rorie's pieces, 'To People who have Gardens' has entered the repertoire of Scottish popular song.

ANNA (NAN) SHEPHERD (1893)

Born at Peterculter, Dr Shepherd was educated at the High School for Girls and Aberdeen University. From 1915 until her retirement in 1956, she was a lecturer in Aberdeen Training College. As well as poetry she has written several novels with Northeast settings—
The Quarry Wood, The Weather House *and* A Pass in the Grampians. *She was awarded an LL.D. by Aberdeen University in 1964.*

JOHN C. MILNE (1897–1962)

Of farming stock, Milne was born at Memsie and educated at Fraserburgh Academy. He graduated from Aberdeen University with a triple First. He trained as a teacher and was Principal Teacher of English at Nairn before becoming a lecturer in Methods at Aberdeen Training College. Here he was an inspiration and legend for a whole generation of teachers in the Northeast. His poetry is unique in its exploration of the metaphoric links between two traditional Buchan trades—farming and teaching.

FLORA GARRY (1900)

Mrs Garry (née Campbell), a native of New Deer and a pupil of Peterhead Academy, graduated from Aberdeen University and taught English at Dumfries Academy. The wife of a former Professor of Physiology at Glasgow University, she started writing poetry in the 1940s. Her volume Bennygoak and Other Poems published in 1974 has, despite the density of its dialect, enjoyed an instant popular success similar to that of the work of Mary Symon, Charles Murray, and J. C. Milne.

HUNTER DIACK (1908–1974)

Born at Kemnay in the Garioch, Diack was a graduate of Aberdeen University and became a teacher of English at Robert Gordon's. Latterly he was a lecturer in the University of Nottingham Institute of Education and an expert on the teaching of the basic skills. He produced two lively autobiographical accounts of his childhood, Boy in a Village, *and* That Village on the Don.

GEORGE BRUCE (1909)

Of Fraserburgh fisher stock, Bruce was educated at Aberdeen University and taught English in Dundee. He was for many years a BBC radio producer, with particular responsibility for the Arts in Scotland, and as such exercised considerable influence and patronage.

G. S. FRASER (1915)

Although born in Glasgow, Fraser, son of a noted town clerk of Aberdeen, was brought up and educated in Aberdeen. He is a graduate of St Andrew's University. After serving in the War, he became a freelance broadcaster and journalist in London. Since 1958 he has lectured in English Literature at Leicester University.

PETER BUCHAN (1917)

Buchan was educated at Peterhead Academy and is a fisherman by calling. He is Assistant Traffic Controller at Peterhead Harbour.

ALEXANDER SCOTT (1920)

A native of Aberdeen, Scott was educated at the Central School and Aberdeen University. After distinguished service in the Gordon Highlanders during the War, he became a lecturer at Glasgow University and is head of what was the first department of Scottish Literature in a Scottish university. He has consistently written with equal effect in Scots and English.

BILL McCORKINDALE (1923)

Born and educated in Glasgow and a graduate of Glasgow University. After war service he taught in the Borders, becoming Principal Teacher of English at Annan. He is now Senior Lecturer in English at Aberdeen College of Education.

KEN MORRICE (1924)

Dr J. K. Morrice is a native of Aberdeen and a medical graduate of Aberdeen University. He became a psychiatrist, and after working in the Borders and the U.S.A., he returned to Aberdeen in 1968. He notes, 'I have one foot in the sea and the other in the psyche'. In recent years he has turned to writing poetry in Scots.

ALASTAIR MACKIE (1925)

Educated at Robert Gordon's and Aberdeen University, Mackie has been a teacher of English in Stromness and Anstruther. In the early MacDiarmid tradition, he tries to develop Scots for the exploration of contemporary themes.

G. A. McINTYRE (1925)

Born in Aberdeen and educated at Robert Gordon's College, McIntyre is a businessman in the city. Apart from war service in the R.A.F. he has always lived in Aberdeen. He has started to publish poems and short stories within the last ten years.

Butterfly in the Shiprow   *page* 153

BURNS SINGER (1928–1964)

Singer was born in New York but came to Scotland at the age of four. He was educated largely in Glasgow but spent a few years at Maud in Aberdeenshire as a wartime evacuee. From 1951 to 1955 he was a scientific assistant in the Marine Biology Laboratory, Aberdeen. He disliked Aberdeen and left it for London, but his time at the Marine Laboratory saw the production of some of his best poems and of his vivid prose work on fishing, 'Living Silver'.

Peterhead in May   *page* 161

IAIN CRICHTON SMITH (1928)

A native of Lewis, Smith, like Agnes Mure Mackenzie, represents the strong Highland element traditional to Aberdeen University. He recalls his student days briefly in his novel My Last Duchess. *For many years a teacher of English in Oban, he is one of Scotland's most versatile writers, in both Gaelic and English.*

Aberdeen   *page* 162

JAMES RANKIN (1939)

Rankin left school in Aberdeen at fifteen but after a variety of jobs took a degree in English at Aberdeen and trained as a teacher. He currently works in Edinburgh.

The Prize Pupil   *page* 164

RODERICK WATSON (1943)

Born and educated in Aberdeen, Watson went on to produce a Cambridge Ph.D. on Hugh MacDiarmid. He now lectures in English at Stirling University.

Foveran Sands   *page* 163

ROBIN MUNRO (1946)

Munro was born in Bute. A graduate in English of Aberdeen University, he has worked as warden of a bird sanctuary in Shetland and has also lived in the Kincardine village of Catterline.

POPULAR RHYMES

These miscellaneous rhymes are poetry of a very rudimentary kind. They perpetuate a wealth of the traditional lore of the region— weather rhymes, festival rhymes, navigational rhymes, place rhymes, children's lullabies, feeding rhymes, games, epitaphs, blessings, curses, superstitious prophecies—and malicious gossip. The legendary Thomas the Rhymer is commonly credited with authorship of many of these fragments. The most notable collectors of this material in the North-east were the Rev. Walter Gregor of Pitsligo and Andrew Jervise of Brechin.

Cover Illustration

The illustration on the cover is Irvine's View of the Castlegate, Aberdeen, 1812, and is reproduced by courtesy of the City District Library, Aberdeen.

Foreword

HERE ARE some of the finest ballads, songs, serious poems and amusing verses made up by people of the north and now gathered together for your pleasure.

They tell us a lot about what men and women have done, thought and felt throughout the last few hundred years. The ballads for instance are stories of brave or brutal action—as 'The Fire of Frendraught:

> The eighteenth of October
> A dismal tale to hear
> How good Lord John and Rothiemay
> Was both burnt in the fire

Nowadays you would say *were* not *was*, but otherwise this is a fine straight introduction to a tale of horror that carries you on to the end. And if you get to like the ballads, which are maybe the simplest things in the book, you may be carried on to read and enjoy the other stories, the love poems, the songs and the philosophical verses written in more modern times. Also I hope you will take to the epigrams such as—

> The road tae the Kirk o Rivven
> Far gangs mair dead than livin.

—that has a touch of the chill wind, the off-taking wit of the Northeast.

There is a world of pleasure in the book if you can find the way to it. I think the first thing is to get the tune, from music or a record if you can. If not, try to detect the lilt—the pace at which the verses run. I think it is very useful to read the verses aloud. When you get rhythm the words fall into place; you get the meaning and thence the pleasure. I must repeat that the full pleasure may not come out at once. There are many old words no longer used and many dialect words that may be strange to you. But seek out their meanings in the glosses and you are well on your way.

It is likely that some of the ballads were made up by people who could not write for people who could not read. Thus the reason for the simple rhythms and the simple rhymes—they made the words easy to remember and those immortal words passed around by word of mouth for years or centuries before they were written down. So you see, the making of a ballad may not be as difficult as some people would think. There are people who can rhyme like they breathe. I remember an old man from the Hillfoots of Clackmannanshire who would come aboard a bus and salute us passengers so—

> Weel, here we are in a bus and dirlin
> Alang the leafy road tae Stirlin;
> And if there's nae a seat for me
> I'll sit on some braw lassie's knee—

And so on and on for miles.

Why not have a try yourself. Get clear in your head what you wish to say. Then write it down. Go on from there, *telling* of what you see, or feel or think. And beyond that, knit together seeing *and* feeling and thinking. Thus you will express the complicated person you are. I think it is one of the higher activities of the human race and certainly one of the most exciting.

There is one more thing that I must say. The art of rhyming can be very useful and may be very entertaining. But it is not essential in the making of poetry. You know that many of the greatest poems in the English language were *written without* rhyme—in blank verse. There must, I think, be a rhythm; there need not be a rhyme. Unrhymed poetry is the great fashion of today, so if you find it difficult to make rhymes, don't be discouraged. Take whatever way you can to expressing the pleasure or any other emotion you feel.

I repeat. The object of this book is pleasure and the book is full of it though it may sometimes take a bit of finding.

JOHN R. ALLAN

Introduction

THIS ANTHOLOGY has been put together by a group of Aberdeen English teachers with the principal intention of offering secondary pupils in the Northeast of Scotland easier access to the varied riches of the poetry which is their birthright. Surprisingly, such a venture has not been attempted before now, but a growing awareness of the value of Scottish studies in our schools makes the present an opportune moment to supply the omission. The compilers believe that the appeal of the material here assembled is not confined to the schools, but will extend to a much wider public both in and beyond the recently created Grampian Region.

Our purpose has been to produce a 'Regional' anthology and in so doing we have tried to strike a balance between parochialism and imperialism: we have defined our boundaries generously without, however, attempting to annex talents that properly belong elsewhere. Roughly, our zone is bounded by a line running from the Culbin Sands up through the Lairig Ghru, east to the South Esk basin and on north to Fraserburgh. Its natural, though not its geographical, centre is Aberdeen.

The dominion of 'the braif toun' over this extensive hinterland is a hard fact which has been conceded, if reluctantly, throughout the centuries.

> 'To Aberdeen I was brought up
> Just for to plead my case.'

ruefully sings the miscreant bailie lad in 'The Tarves Rant'. Although this dominance is, of course, reflected in the poetry of the area, we have taken some care to ensure that the fine shadings of district cultures are not ignored—the difference, for example, between The Howe of the Mearns and what John R. Allan has called the 'cold shoulder' of Buchan.

Shamefacedly we admit that as teachers of English our researches have been a process of self-education: we simply did not realize when we initiated this project, how much good stuff there was. In the end our painful difficulty has been to select from the wealth available, the relatively small number of texts possible for this publication.

We had originally intended to find a place for the numerous writers who although without direct connection with the area have nevertheless commented on it in verse. These 'chiels amang us' have been a variously distinguished crew—Dunbar, Greenleaf Whittier, McGonagall, Hardy, MacDiarmid, Douglas Young, Roy Fuller, Edwin

Morgan, and many others. Pressure of space has forced us most unwillingly to exclude this ingredient.

Readers of the anthology will search in vain for some of the well-worn favourites of Northeast verse—'Tullochgorum', 'The Lum Hat Wantin a Croon', 'Tam i' the Kirk', and the like. It is not that we do not appreciate these pieces, merely that they are easily available elsewhere in school texts and other collections. We have, as a principle, tried to find room for attractive items which are less well known and less accessible. The extract from 'Lummie', for example, has not been in print since its appearance in an Aberdeen newspaper a hundred years ago.

We have not scrupled to abbreviate, condense or extract items if the only alternative was to omit them entirely. Better to offer a condensed version of the 'Monymusk Christmas Ba'ing' than to consign the whole piece to a further period of undeserved oblivion. Even so, length has regrettably dictated the exclusion of some splendid poems such as the fantastic comic ballad 'Lang Johnny More'. Nor have we been rigorously demanding in our view of what constitutes poetry: we have been happy to set lively doggerel beside subtle lyric in the belief that there is more likely to come gain than loss from the juxtaposition.

At the same time, while bearing in mind that this is primarily a school collection, we have been willing to include some poems which are fairly complex and challenging, both in theme and in language, when these have appeared to be worthwhile. The range of difficulty is wide, for it has not been our intention to narrow the work specifically to one stage of pupil, senior or junior: we hope that opportunities for its use can be found throughout the secondary school. We have, however, been prepared, again under pressure of space, to exclude a good deal of the most simple popular material such as 'The Puddock', 'The Whistle', 'Geordie Wabster', and 'The Mitherless Bairn' in the expectation that a collection for primary schools may be forthcoming in the near future.

It would have been possible for us to have confined the collection to one historical period—to the twentieth century, perhaps, or to the age of traditional ballad poetry, but we have endeavoured instead to offer a reasonably balanced representation of historical stages. The arrangement of material is loosely chronological, from John Barbour to Robin Munro, but with one modification: we have added a thematic dimension by deploying our selection of popular rhymes without regard to date. This material has a timeless quality and we have accordingly positioned it to point up what we see as enduring themes and attitudes in the literature of the area.

Our collection, thus, is in the nature of a sampler; much more is available for those who care to look.

As teachers we are only too well aware that the Scots tongue is presently, and possibly irreversibly, in retreat, even in an area so distinctive linguistically as the Northeast; and that, sadly, the very language of some of our items may prove a barrier for pupils. But we do not believe that this need be so. We have provided reasonably full vocabulary glosses, but we make no apology for the density of the Scots of, for example, Alexander Scott, Flora Garry or J. M. Caie. Scots is a vital ingredient in the cultural inheritance of the Northeast. Observation amply indicates that, in some of its forms at least, it is still alive in the mouths of our pupils and its total demise is not inevitable. It does however need to be respected and given recognition in the schools. Elementary help with words is easily obtainable from the handy one-volume *Chambers Scots Dictionary* and we would hope that the day is not far distant when the *Scottish National Dictionary* will be present, and in use, in every school library or resource centre.

Much of the material of this book is incomplete without music. Traditional ballads, folk songs, bairn rhymes are made for singing, and we expect that teachers employing this anthology will want to make supporting use of the excellent folk song recordings now commercially available. A full list of these is to be found in *The Place of Scottish Literature in the Secondary English Curriculum* (HMSO, 1976). To anyone who wishes to explore further the literary history of the region we commend as indispensable aids the writings of David Buchan, Alexander Keith, the late Will Walker and the late Gavin Greig.

We are very much honoured by the willingness of John R. Allan, one of the region's most distinguished cultivators of words and soil, to offer a personal introductory comment to our younger readers.

As a publishing venture this anthology would not have been possible without a generous, pioneering act of faith by the Grampian Regional Council. We set on record our particular appreciation of the interest and practical assistance of three of its officials, Charles King, Douglas Mennie and William Henry; and of the benevolent support of James Clark and James Michie.

Our thanks are also due to the staff of the Reference Section of Aberdeen Public Library; to George Brebner, Librarian of Peterhead Public Library; to Cuthbert Graham of the *Aberdeen Press and Journal*, and to Mairi Alison for considerable help in typing. Finally we record our gratitude to those well-wishers, too numerous to detail here, who have offered us advice and materials. Their interest has both confirmed our initial assumptions and encouraged us in our search.

The compilers were the following: James Alison, Robert Erridge, Leslie Lennox, James McPherson, Anne Orchard, Sadie El Serrag (Aberdeen Teachers of English), David Hewitt (University of Aberdeen), and Douglas Young (Aberdeen College of Education).

Responsibility for the final selection and for any errors and omissions rests with the editor.

J.N.A.

'BLIN' BOB', THE BALLAD SINGER

. . . Oh he was a bit o a worthy in Aberdeen. I don't know when he died, but . . . it would have been . . . possibly roon the 1880's or the 1890's. . . . He sell't ballads, aye, in the Castlegate, but he wasnae allowed to sell the ballad, ye see, but the Castlegate in Aberdeen at that time was the Corn Market and the Corn Exchange, and he could sell straw. So he had a wisp o strae in under his airm, ye see, and he says: 'Ah darna sell ye ma sang, but Ah'll sell ye a straa for a penny and gie ye a sang in the bargain.' So that's how he got rid of his songs, ye see. He was quite entitled to sell his straw in the open market, ye see, but he couldnae sell the song. . . . Yes, he was blind.

Recorded from John Adams,
Glenlivet, by Hamish Henderson

Landmarks

There are twa landmarks aff the sea
Clochnaben and Bennachie.

The Siege of Kildrummy

*(In 1306 after he had been defeated at Tyndrum, Robert Bruce
sent his wife and daughter north across the mountains to Kildrummy
Castle on upper Donside. The womenfolk did not stay there long but
headed for the apparent safety of Tain in Ross-shire, leaving
Kildrummy in the charge of Bruce's brother Neil and the Earl of
Athol. This extract tells what happened next.)*

That time wes into Kildrummy
Men that wicht were and hardy,
Sir Neil the Bruce, I wat weel,
And there wes the Earl of Athol.
The castle weel vittalit they,
With meat and fuel gan purvey,
And enforcit the castle sa
They thocht that na strength micht it ta.

And when that it the King wes tauld
Of England, how they shap to hauld
That castle, he wes all angry.
He callit his son till him in hy,
The eldest and apparent heir,
A young bachelor, stark and fair,
Sir Edward callit of Caernarvon,
That wes the starkest man of ane
That men find micht in ony country.
Prince of Wales that time wes he.
He gart als call earls twa,
Gloucester and Hereford were tha,
And bad them wend into Scotland
And set a siege with stalwart hand
To the castle of Kildrummy,
And all the haulders hailily
He bad destroy without ransom
Or bring them to him in prison.

wicht, strong   *ta*, take   *shap*, prepared
hy, haste   *stark*, strong   *gart*, caused   *als*, also

1

When they the commandment all had tane,
They assemblit an host at ance
And to the castle went in hy
And besiegit it rigorously
And mony time full hard assailit.
But for to tak it yet they failit.
For they within were richt worthy
And them defendit doughtily
And rushit their foes oft again.
Some of the best wes woundit, some slain.
And mony times issue they wald
And bargain at the barrier-hald
And woundit their foes oft and sla.
Soothly they them containit sa
That they without despairit were
And thocht till England for to fare.
For they sa styth saw the castle
And wist that it wes furnished weel
And saw the men defend them sa
That they na hope had them to ta.

Nane had they done all that season
Gif na had been there false treason
For there within wes a traitor.
A false lourdain, a losinger,
Osbarn to name, made the treason.
I wat nocht for what reason,
Nor with whom he made the covyn.
But as they said that were within,
He took a culter hot glowand
That het wes in a fire byrnand
And went into the meikle hall
That then with corn wes fillit all,
And heich upon a mow it did.
But it full lang wes there nocht hid
For men says oft that fire nor pride
Without discovering may no man hide.
So fell it here, for fire all clear
Soon through the thack board gan appear,
First as a starn syne as a moon
And weel braider thereafter soon.
The fire out syne in bleezes brast
And the reek raise richt wonder fast.

barrier-hald, barricades
styth, strong   *lourdain*, rascal   *losinger*, liar
covyn, plot   *mow*, heap of grain   *thack board*, roof

2

The fire ower all the castle spread,
There micht no force of men it redd.
Then they within drew to the wall
That at that time wes battalit all
Within, richt as it wes without.
That battaling withouten dout
Savit their lives, for it brak
Bleezes that wald them owertak
And when their foes the mischief saw
Till arms went they in a thraw
And assailit the castle fast,
Where they durst come for fires' blast.

But they within that myster had,
Sa great defence and worthy made
That they full oft their foes rushit,
For they na kin perils refusit.
They travail for to save their lives,
But Weird that to the end aye drives
The warld's things, sa them travaillit
That they on twa halfs were assailit;
Within with fire that them sa broilit,
Without with folk that them sa toilit
That they brynt, magre them, the yett.
But for the fire that wes sa het
They durst na enter sa in hy.
Their folk therefore they gan rally
And went to rest for it wes nicht,
Till on the morn that day wes licht.

At sic mischief, as ye heard say,
Were they within; however they
Aye defendit them worthily
And containit them sa manfully
That they, ere day, through meikle pain
Had murit up the yett again.
But on the morn when day was licht
And sun wes risen shinand bricht,
They without in hail battle
Come purveyit, ready till assail.
But they within that sa war stad
That na vittles na fuel had
Wherewith they micht the castle hauld
Treatit first and syne them yauld

redd, free   battalit, fortified
thraw, instant   myster, need   travail, work hard
Weird, Fate   magre, despite   murit, rebuilt   yauld, surrendered

To be intill the king's will.
But that aye to Scottish men wes ill,
As soon efter weel was knawin
For they were hangit all and drawin.

When this covenant thus treatit wes
And affirmit with siccarness,
They took them of the castle soon
And intill short time sa has done
That all a quarter of Snawdoun
Richt to the erd they tummlit doun.
Syne toward England they wend their way.
But when the King Edward heard say
How Neil the Bruce held Kildrummy
Against his son sa stalwartly,
He gaderit a great chivalry
And toward Scotland went in hy.
And as into Northumberland
He wes with his great rout ridand
A sickness took him in the way
And put him in sa hard assay
That he micht neither gang nor ride.
Intil an hamlet thereby,
A little toun and unworthy,
With great pain theddir they him brocht.

And when he to the dead wes near,
The folk that at Kildrummy were
Come with the prisoners that they had tane,
And syne to the king are gane.
And for to comfort him they tauld
How they the castle to them yauld
And how they to his will were brocht
To do of them whatever he thocht,
And askit what men suld of them do.
Then lookit he angerly them to
And said gyrnand, 'Hings and draws!'
It wes great wonder of sic saws
That he that to the dead wes near
Suld answer upon sic manner
Withouten minding of mercy.
How micht he trustly on him cry,
That soothfastly deems all thing,
To have mercy for his crying
Of him that through his felony
Into sic point had no mercy?

siccarness, security   *Snawdoun*, one of the towers of Kildrummy
assay, difficulty   *theddir*, there   *saws*, words   *deems*, judges

4

His men his mandment has all done,
And he deeit thereafter soon
And syne wes brocht to buriness.
His son syne efter king he wes.

FROM *The Bruce*, BOOK IV
JOHN BARBOUR
(*Spelling slightly modernized*)

Tobacco

Some do this plant with odious crimes disgrace,
And call the poor Tobacco homicide.
They say that it, O what a monstrous case!
Forestalls the life, and kills man in the seed!
It smoketh, blacketh, burneth all the brain.
It dries the moisture treasure of the life,
It cureth not, but stupefies the pain,
It cuts our days before Atropus' knife.
Good Lady, look not to these raving speeches,
You know by proof that all those blames are lies
Forged by scurvy, lewd, unlearned leeches
As time hath taught, and practice that all tries,
Tobacco neither altereth health nor hue.
Ten thousand thousands know that it is true.

WILLIAM BARCLAY

Don

Ae mile o' Don's worth twa o' Dee
Except for salmon, stane and tree.

---

mandment, orders   *buriness*, burial
forestalls, ambushes
moisture treasure, the 'Humours', fluids on which life depended
Atropus, one of the Fates

Fishing on the Sabbath

(*Fishing for salmon on a Sunday is illegal in Scotland. It was not always so: it was only in the sixteenth century that the Protestant reformers tried to ban the practice as ungodly. Arthur Johnston, a keen fisherman, wrote a lively Latin poem defending the traditions of the sport. In this translated extract he is possibly describing his own experiences of fishing, and poaching, on the Don.*)

Now when fish come begging to be netted,
I would be mad to refuse a free meal.
Besides, I know very well that the pools
Often hold most fish on Sunday mornings.
Why does the Lord's Day offer such catches
If it means to ban nets? To laugh at us?
No! Fishing is not really work at all:
In the past it was always seen as sport.
Fowlers and hunters prowling in the woods
May end exhausted by all their stalking,
But fishing is pleasure not hard labour,
And is not frowned on by Divine Command.

Perched on a high rock I keep a look-out
For salmon backs breaking the clear waters.
This river is my farm, these fish my crop:
They are my grants from the kind sea-goddess.
When the chances seem good, I shout the news
Happily down to my waiting servants.
The lads waste no time in grabbing their gear
And soon the river seethes with stirring oars.
They hold the nets in place and drop in stones,
Then haul aboard the loaded linen trawl.
Flung from the boats the fish flounder dumbly
To get back into water, out of air.
But the lads kill them and when killing's done,
They gut and scale and pickle them in salt.

Sometimes we leave the nets and take our rods,
Arming the bronze hooks with delicious bait.
Of course, the salmon do not see the trap,
Dart at their prey, and stupidly perish.
If there is not enough bait to go round,
We dress the barbs with small coloured feathers.
When the young salmon rises to this fly,
He catches it, but now is caught himself.
What is he to do? He sinks in the pool
And as the line plays out, runs helplessly,

6

Dragging it tight in his cruelly torn mouth.
A dash downstream, a turn back up the beat,
Across the current struggling muddily,
He gapes and chokes and shakes his throat in vain.
Worn by a thousand wanderings at last,
He leaves the pool and, stranded, dies on shore.

Sometimes I prefer to cast a splash net
Or spear passing salmon with a leister.
I may snare the burn bed with tangled twigs
Or light a torch at night to fool the fish.
Often I take my toll with traps called 'cruives'.
When the salmon are running up river
To the spawning grounds, these block their access.
Baffled by the cruives the stupid shoals swim
Up gaping wicker channels and are caught
And penned like prisoners in a dark gaol.
Trapped within the creek they thresh in terror
Till boys in boats surround them eagerly.
They empty out the traps into the boats,
Then kill and carefully count out their catch.

Robbing the owners of the next fishings,
Right under their noses, is also fun.
The law says that on Saturdays the cruives
Must be lifted to let fish move upstream.
This law is enforced and must be obeyed,
So a sluice is opened for fish to pass.
But to frighten them from swimming through it
We place a horse's skull that gleams whiter
Under the surface than midwinter snow.
The salmon panic at the sight, and surge
Away from the sluice—straight into my traps.

FROM *A Fisher's Apology*,
ARTHUR JOHNSTON

(*J.A., based on a prose translation
by Hugh MacDiarmid and G. E. Davie*)

leister, salmon spear   *cruives*, salmon pens

7

Love Verses

FIRST PART

My dear and only love, I pray
    That little world of thee
Be governed by no other sway,
    Than purest monarchy.
For if confusion have a part,
    Which virtuous souls abhor,
I'll call a synod in my heart,
    And never love thee more.

As Alexander I will reign,
    And I will reign alone;
My thoughts did evermore disdain
    A rival on my throne.
He either fears his fate too much,
    Or his deserts are small,
Who dares not put it to the touch,
    To gain or lose it all.

But I will reign and govern still,
    And always give the law,
And have each subject at my will,
    And all to stand in awe.
But 'gainst my batteries if I find,
    Thou kick, or vex me sore,
As that thou set me up a blind,
    I'll never love thee more.

And in the empire of thine heart,
    Where I should only be,
If others do pretend a part,
    Or dare to vie with me.
Or if committees thou erect,
    And go on such a score,
I'll laugh and sing at thy neglect,
    And never love thee more.

But if thou wilt prove faithful then,
    And constant to thy word,
I'll make thee glorious by my pen
    And famous by my sword.

I'll serve thee in such noble ways
  Was never heard before;
I'll crown and deck thee all with bays,
  And love thee more and more.

JAMES GRAHAM, Marquis of Montrose

Bonny John Seton

It fell about the month of June,
  On Tuesday, timouslie;
The northern lords hae pitch'd their camps
  Beyond the Brig o' Dee.

They ca'ed him Major Middleton,
  That man'd the brig o' Dee;
They ca'ed him Colonel Henderson,
  That gar'd the cannons flee.

Bonny John Seton o' Pitmedden,
  A brave baron was he;
He made his tesment ere he gaed,
  And the wiser man was he.

He left his lands unto his heir,
  His lady her dowrie;
Ten thousand crowns to Lady Jane,
  Sat on the nourice knee.

Then out it speaks his lady gay,
  'Oh stay my lord wi' me;
For word is come, the cause is won
  Beyond the brig o' Dee.'

He turned him right and round about,
  And a light laugh gae he;
Says, 'I wouldna for my lands sae broad,
  I stay'd this night wi' thee.'

He's taen his sword then by his side,
  His buckler by his knee:
And laid his leg in o'er his horse,
  Said, 'Sodgers, follow me!'

---

timouslie, promptly   *tesment*, will   *nourice*, nurse

9

So he rade on, and further on,
  Till to the third mile corse;
The Covenanters' cannon balls
  Dang him aff o' his horse.

Up then rides him Craigievar,
  Said, 'Wha's this lying here?
It surely is the Lord o' Aboyne,
  For Huntly was not here.'

Then out it speaks a fause Forbes,
  Lived up in Druminner;
'My lord, this is a proud Seton,
  The rest will ride the thinner.'

'Spulzie him, spulzie him,' said Craigievar,
  'O spulzie him, presentlie;
For I could lay my lugs in pawn,
  He had nae gude will at me.'

They've taen the shoes frae aff his feet,
  The garters frae his knee;
Likewise the gloves upon his hands,—
  They've left him not a flee.

His fingers they were sae sair swell'd
  The rings would not come aff;
They cuttet the grips out o' his ears,
  Took out the gowd signots.

Then they rade on and further on
  Till they cam to the Crabestane;
And Craigievar he had a mind
  To burn a' Aberdeen.

Out it speaks the gallant Montrose,
  (Grace on his fair body!)
'We winna burn the bonny burgh
  We'll even lat it be.'

Then out it speaks the gallant Montrose,
  'Your purpose I will break;
We winna burn the bonny burgh
  We'll never build its maik.

corse, cross   *spulzie*, plunder
grips, ear rings   *signots*, signet rings   *maik*, equal

'I see the women and their children,
    Climbing the craigs sae hie;
We'll sleep this nicht in the bonny burgh
    And even lat it be.'

Riddle

As I geed ower the Brig o' Dee
I met Geordie Buchan;
I took aff his heed, and drank his bleed,
An left his body stan'in?

(*A bottle of whisky*)

The Marquis of Montrose

Have ye seen that terrible fellow Montrose—
Wha has iron teeth wi' a nail on his nose,
An' into his wallet wee laddies he throws?
Schoudy, poudy, pair o' new sheen—
Up the Gallowgate, doon the Green.

Written on the Eve of his Execution

Let them bestow on every airth a limb,
Then open all my veins that I may swim
To thee, my Maker, in that crimson lake;
Then place my parboiled head upon a stake,
Scatter my ashes, strew them in the air—
Lord! since thou knowest where all these atoms are,
I'm hopeful thou'lt recover once my dust,
And confident thou'lt raise me with the just.

JAMES GRAHAM, *Marquis of Montrose*

The Gordons

I

The guile, the Gordon an the hiddie-craw
Is the three worst things that Moray ever saw.

schoudy, poudy (*showdy, powdy, etc*), said when rocking or dandling a baby
sheen, shoes
guile, corn-marigold, a troublesome weed

11

Fin a dyke gangs roon the Bog o' Gight,
The Gordon's pride is at its hicht.

The Frasers

As lang as there is a cock o' the North
There'll be a Fraser in Philorth.
There'll be ane t'win an twa t'spen
Till the warl come till an en.

The Hays

While the mistletoe bats on Errol's aik,
And that aik stands fast,
The Hays sall flourish, and their good gray hawk
Sall nocht flinch before the blast.
But when the root of the aik decays,
And when the mistletoe dwines on its withered breast,
The grass sall grow on Errol's hearthstane,
And the corbie roup in the falcon's nest.

The Keiths

As lang's this stane stands on this craft
The name of Keith shall be alaft
But when the stane begins to fa'
The name o' Keith shall wear awa.

Motto of the Keiths, Earls Marischal

Thay say.
Quhat say they?
Thay haif said,
Lat thame say.

bats, fastens   *roup*, croak

The Battle of Harlaw

As I cam' in by Dunidier,
   And down by Wetherha',
There were fifty thousand Hielan'men
   A' marching to Harlaw.

In a dree, dree, drady drumtie dree.

As I cam' on, and farther on,
   And down and by Balquhain,
Oh, there I met Sir James the Rose,
   Wi' him Sir John the Græme.

'Oh, cam' ye frae the Hielan's, man?
   And cam' ye a' the way?
Saw ye Macdonell and his men
   Come marchin' frae the Skye?'

'Yes, she cam' frae the Hielan's, man,
   And she cam' a' the way,
And she saw Macdonell and his men
   Come marchin' frae the Skye.'

'Oh, were ye near, and near enough?
   Did ye their numbers see?
Come, tell to me, John Hielan'man,
   What might their numbers be?'

'Yes, she was near, and near enough,
   And she their numbers saw;
There was fifty thousand Hielan'men
   A' marchin' for Harlaw.'

'Gin that be true,' quo' James the Rose,
   'We'll no come meikle speed;
So we'd better cry in our merrymen,
   And turn our horses' heads.'

'Oh no, oh no!' quo' John the Græme,
   'That thing maun never be;
The gallant Græmes were never beat,
   We'll try what we can dee.'

In a dree, dree, drady, drumtie, supposed to be a rendering of the sound of bagpipes

As I cam' on, and farther on,
　　And down and by Harlaw,
They fell fu' close on ilka side,
　　Sic fun ye never saw.

They fell fu' close on ilka side,
　　Sic fun ye never saw;
For Hielan' swords gaed clash for clash,
　　At the battle o' Harlaw!

The Heilan'men wi' their lang swords,
　　They laid on us fu' sair;
And they drave back our merrymen
　　Three acres breadth or mair.

Brave Forbes did to his brother say,
　　'Now, brother, dinna ye see,
They beat us back on ilka side,
　　And we'll be forced to flee!'

'Oh no, oh no, my brither dear,
　　That thing maun never be;
Tak' ye your good sword in your hand,
　　And come your ways wi' me.'

'Oh no, oh no, my brither dear,
　　The clans they are ower strang;
And they drive back our merrymen
　　Wi' swords baith sharp and lang.'

Brave Forbes to his men did say,
　　'Now tak' your rest awhile;
Until I to Drumminnor send
　　To fetch my coat of mail.'

Brave Forbes' servant then did ride,
　　And his horse it did na fail;
For in twa hours and a quarter,
　　He brought the coat of mail.

Then back to back the brithers twa
　　Gaed in amang the thrang;
And they hewed down the Hielan'men,
　　Wi' swords baith sharp and lang.

Macdonell he was young and stout,
　　Had on his coat o' mail,
And he has gone out through them a',
　　To try his hand himsel'.

14

The first ae stroke that Forbes struck,
    Made the great Macdonell reel;
The second stroke that Forbes struck,
    The great Macdonell fell.

And siccan a pilleurichie,
    The like ye never saw,
As was amang the Hielan'men
    When they saw Macdonell fa'.

And when they saw that he was dead,
    They turned and ran awa';
And they buried him in Seggat's Lan',
    Some twa three miles awa'.

They rode, they ran, and some did gang,
    But they were o' sma' record;
For Forbes and his merrymen
    Slew maist a' by the road.

On Munonday at morning
    The battle it began;
On Saturday at gloamin'
    Ye'd scarce tell wha had wan.

And sic a weary burying,
    The like ye never saw,
As there was the Sunday after that
    On the muirs down by Harlaw.

And gin Hielan' lasses speer at you
    For them that gaed awa',
Ye may tell them plain and plain enough,
    They're sleeping at Harlaw!

Edom o' Gordon

It fell about the Martinmas
    When the wind blew schrill and cauld,
Said Edom o' Gordon to his men:
    'We maun draw to a hald.

pilleurichie, confusion   *gang*, walk   *record*, importance
    Edom, Adam   *hald*, shelter

'And whatan a hald sall we draw to,
   My merry men and me?
I think we'll gang to Towie's hoose
   To see that fair lady.'

She had nae sooner busket her sell
   Nor putten on her gown,
Till Edom o' Gordon and his men
   Were round about the town.

They had nae sooner sitten down
   Nor sooner said the grace,
Till Edom o' Gordon and his men
   Were closed about the place.

The lady ran up to her tower head
   As fast as she could drie,
To see if by her fair speeches
   She could with him agree.

As soon as he saw the lady fair,
   And hir yates all locked fast,
He fell into a rage of wrath
   And his heart was aghast.

'Cum down to me, ye lady fair,
   Cum down to me; let's see;
This night ye 's ly by my ain side,
   The morn my bride sall be.'

'I winnae cum down, ye fals Gordon,
   I winnae cum down to thee;
I winnae forsake my ane dear lord
   That is sae far frae me.'

'Gi' up your house, ye fair lady,
   Gi' up your house to me,
Or I will burn yoursel therein,
   Bot and your babies three.'

'I winnae gie up, you fals Gordon,
   To nae sik traitor as thee,
Tho' you should burn myself therein,
   Bot and my babies three.'

---

whatan, what sort of   *busket*, dressed
drie, manage   *ye 's*, you'll   *Bot and*, and also

'Set fire to the house,' quoth fals Gordon,
    'Sin' better may nae bee;
And I will burn herself therein,
    Bot and her babies three.'

'And e'in wae worth ye, Jock my man,
    I paid ye weil your fee;
Why pow ye out my ground-wa' stane,
    Lets in the reek to me?

'And e'in wae worth ye, Jock my man,
    For I paid you weil your hire;
Why pow ye out my ground-wa' stane,
    To me lets in the fire?'

'Ye paid me weil my hire, lady,
    Ye paid me weil my fee;
But now I'm Edom of Gordon's man,
    Maun either do or die.'

O then bespake her youngest son,
    Sat on the nurse's knee:
'Dear mother, gie owre your house,' he says,
    'For the reek it worries me.'

'I winnae gie up my house, my dear,
    To nae sik traitor as he;
Cum weil, cum wae, my jewels fair,
    Ye maun tak share wi' me.'

O then bespake her dochter dear,
    She was baith jimp and sma':
'O row me in a pair o' shiets
    And tow me owre the wa'.'

They row'd her in a pair of shiets
    And tow'd her owre the wa',
But on the point of Edom's speir
    She gat a deadly fa'.

O bonny, bonny was hir mouth,
    And chirry were hir cheiks,
And clear, clear was hir yellow hair
    Whereon the reid bluid dreips.

e'in wae worth ye, curse you   *pow*, pull
ground-wa' stane, masonry at ground level   *jimp*, graceful
tow, lower by rope

17

Then wi' his speir he turn'd hir owr—
  O gin hir face was wan;
He said, 'You are the first that e'er
  I wist alive again.'

He turned hir owr and owr again—
  O gin hir skin was whyte;
He said, 'I might ha' spar'd thy life
  To been some man's delyte.

'Busk and boon, my merry men all,
  For ill dooms I do guess;
I cannae luik in that bonny face
  As it lyes on the grass.'

'Them luiks to freits, my master deir,
  Then freits will follow them;
Let it neir be said brave Edom o' Gordon
  Was daunted with a dame.'

O then he spied hir ain deir lord
  As he came owr the lee;
He saw his castle in a fire
  As far as he could see.

'Put on, put on, my mighty men,
  As fast as ye can drie;
For he that 's hindmost of my men
  Sall ne'ir get guid o' me.'

And some they raid, and some they ran,
  Fu' fast out owr the plain,
But lang, lang e'er he could get up
  They were a' deid and slain.

But mony were the mudie men
  Lay gasping on the grien,
For o' fifty men that Edom brought out
  There were but five ged heme.

And mony were the mudie men
  Lay gasping on the grien,
And mony were the fair ladys
  Lay lemanless at heme.

wist, wished   _them luiks to freits_, those who look for omens
daunted, defeated   _mudie_, brave   _lemanless_, without a lover

And round and round the wa's he went
  Their ashes for to view;
At last into the flames he flew
  And bad the world adieu.

Burning of Auchindoun

'Turn, Willie Macintosh,
  Turn, I bid you;
Gin ye burn Auchindoun
  Huntly will head you.'

'Head me or hang me,
  That canna fley me;
I'll burn Auchendoun
  Ere the life lea' me.'

Coming down Deeside
  In a clear morning,
Auchindoun was in flame
  Ere the cock crawing.

But coming o'er Cairn Croom
  And looking down, man,
I saw Willie Macintosh
  Burn Auchindoun, man.

'Bonny Willie Macintosh,
  Whare left ye your men?'
'I left them in the Stapler,
  But they'll never come hame.'

'Bonny Willie Macintosh,
  Whare now is your men?'
'I left them in the Stapler,
  Sleeping in their sheen.'

The Baron of Brackley

Doon Deeside came Inverey, whistlin and playin.
He's lichted at Brackley's yett at the day dawin.
Says: 'Baron o' Brackley, it's are ye within?
There's sharp swords at your yett will gar your blood spin.'

head, behead   fley, frighten   Stapler, hill in the Cabrach district   sheen, shoes
lichted, arrived

Up spake the proud baron o'er the castle wa':
'Are ye come to spoil or plunder my ha'?
Or gin ye be gentlemen, licht and come in.
Gin ye drink o' my wine ye'il no' gar my blood spin.'

His lady rose up, to the window she went.
She heard her kye lowin o'er hill and o'er fen.
'Oh, rise up, bold Brackley, and turn back your kye.
The lads o' Drumwharren are drivin them by!'

'How can I rise, lady, and turn them again?
For whaur I hae ae man I'd lief to hae ten.'
She called on her marys to come to her hand,
Says: 'Bring your rocks, lasses, we will them command'.

'Gin I had a husband as I wot I hae nane,
He'd no' be in his bed and see his kye taen.'
'Now haud your tongue, Peggy, and gie me my gun.
Ye'll see me gang out, but I'll never come in.

'Arise, Betsy Gordon, and gie me my gun.
I will gang oot though I never come in.
Then kiss me, my Peggy, I'll no longer stay,
For I will gang oot and I'll meet Inverey.'

When Brackley was ready and stood in the close,
A bonnier callant ne'er mounted a horse.
'What'll come o' your lady and your bonny young son?
Oh, what'll come o' them when Brackley is gane?'

'Strike, dogs,' cries Inverey, 'fecht till you're slain,
For we are four hundred and ye are four men!'
'Strike, strike, ye proud boaster, your honour is gane.
You're lands we will plunder and your castle we'll burn!'

At the head o' the Etnach the battle began.
At little Auchoilzie they killed the first man.
First they killed ae man and syne they killed twa,
And they killed gallant Brackley, the floower o' them a'.

'Came ye by Brackley's yetts, came ye by there,
And saw ye his Peggy a-tearing her hair?'
'Oh, it's I came by Brackley's yetts, I came by there,
And I saw Peggy Gordon a-braidin her hair.

lief, rather
marys, servant girls   *rocks*, distaffs   *callant*, lad

'She was rantin and dancin and singin for joy.
She swore that ere nicht she would feast Inverey.
She eat wi' him, drank wi' him, welcomed him in.
She was kind to the man that had slain her baron.'

'Oh, fie on ye, lady, why did ye dae sae.
Ye opened your yetts tae the fause Inverey.'
There's dule in the kitchen and mirth in the ha',
For the Baron o' Brackley is dead and awa.

Arradoul

'Fill up the bowl,' cried Arradoul,
Spare not the wine at a',
I'll make them drink until they wink,
And Jamie win awa'.

He didna', like a thief at night,
Loup o'er the castle wa'
At twelve o' clock in fair day light,
He stately strode awa'.

O Bon-Accord! where was your Lord
Your Lord and Baillies a'?
O Fie for shame! ye were to blame
That Gordon's fled awa!

The Fire of Frendraught

The eighteenth of October,
    A dismal tale to hear,
How good Lord John and Rothiemay
    Was both burnt in the fire.

When steeds was saddled and well bridled
    And ready for to ride
Then out it came her, false Frendraught,
    Inviting them to bide.

Said, 'Stay this night until we sup,
    The morn until we dine;
'Twill be a token of good 'greement
    'Twixt your good Lord and mine.'

dule, grief

21

'We'll turn again,' said good Lord John,
   'But no,' said Rothiemay;
'My steed 's trapan'd, my bridle 's broken,
   I fear the day I'm fey.'

When mass was sung and bells was rung
   And all men bound for bed,
Then good Lord John and Rothiemay
   In one chamber was laid.

They had not long cast off their cloaths
   And were but now asleep,
When the weary smoke began to rise,
   Likewise the scorching heat.

'O waken, waken, Rothiemay,
   O waken, brother dear,
And turn you to our Saviour;
   There is strong treason here.'

When they were dressed in their cloaths
   And ready for to boun,
The doors and windows was all secur'd,
   The roof tree burning down.

He did him to the wire-window
   As fast as he could gang;
Says, 'Wae to the hands put in the stancheons,
   For out we'll never win.'

When he stood at the wire-window
   Most doleful to be seen,
He did espy her, Lady Frendraught,
   Who stood upon the green.

Cried, 'Mercy, mercy, Lady Frendraught,
   Will ye not sink with sin?
For first your husband killed my father
   And now you burn his son.'

O then out spoke her, Lady Frendraught,
   And loudly did she cry:
'It were great pity for good Lord John
   But none for Rothiemay;
But the keys are casten in the deep draw well,
   Ye cannot get away.'

trapan'd, snared, lame   *fey*, ill-fated   *boun*, get out   *wire-*, barred-

While he stood in this dreadful plight
    Most piteous to be seen,
There called out his servant Gordon
    As he had frantic been.

'O loup, O loup, my dear master,
    O loup and come to me;
I'll catch you in my arms two,
    One foot I will not flee.

'O loup, O loup, my dear master,
    O loup and come away;
I'll catch you in my arms two,
    But Rothiemay may lie.'

'The fish shall never swim in the flood
    Nor corn grow through the clay,
Nor the fiercest fire that ever was kindled
    Twin me and Rothiemay.

'But I cannot loup, I cannot come,
    I cannot win to thee;
My head 's fast in the wire-window,
    My feet burning from me.

'My eyes are seething in my head,
    My flesh roasting also,
My bowels are boiling with my blood;
    Is not that a woeful woe?

'Take here the rings from my white fingers
    That are so long and small,
And give them to my Lady fair
    Where she sits in her hall.

'So I cannot loup, I cannot come,
    I cannot loup to thee;
My earthly part is all consumed,
    My spirit but speaks to thee.'

Wringing her hands, tearing her hair,
    His Lady she was seen,
And thus addressed his servant Gordon
    Where he stood on the green:

twin, separate

23

'O wae be to you, George Gordon,
     An ill death may you die,
So safe and sound as you stand here
     And my Lord bereaved from me.'

'I bad him loup, I bad him come,
     I bad him loup to me;
I'd catch him in my arms two,
     A foot I should not flee.

'He threw me the rings from his white fingers
     Which were so long and small,
To give to you, his Lady fair,
     Where you sat in your hall.'

Sophia Hay, Sophia Hay,
     O bonny Sophia was her name:
Her waiting maid put on her cloaths
     But I wat she tore them off again;

And aft she cried, 'Ohon! alas, alas,
     A sair heart's ill to win;
I wan a sair heart when I married him,
     And the day it 's well return'd again.'

The Laird o' Drum

The Laird o' Drum is a wooing gane,
     It was on a morning early,
And he has fawn in wi' a bonny may,
     A-shearing at her barley.

'My bonny may, my weel-faur'd may,
     O will you fancy me, O;
And gae and be the Lady o' Drum,
     And lat your shearing a-be, O?'

It's I canna fancy thee, kind sir,
     I winna fancy thee, O,
I winna gae and be Lady o' Drum,
     And lat my shearing a-be, O.

'But set your love on anither, kind sir,
  Set it not on me, O,
For I am not fit to be your bride,
  And your whore I'll never be, O.

'My father he is a shepherd mean,
  Keeps sheep on yonder hill, O,
And ye may gae and speer at him,
  For I am at his will, O.'

Drum is to her father gane,
  Keeping his sheep on yon hill, O;
And he has gotten his consent
  That the may was at his will, O.

'But my dochter can neither read nor write,
  She was ne'er brought up at scheel, O;
But weel can she milk cow and ewe,
  And mak a kebbuck weel, O.

'She'll win in your barn at bear-seed time,
  Cast out your muck at Yule, O,
She'll saddle your steed in time o' need,
  And draw off your boots hersel', O.'

'Have not I no clergymen?
  Pay I no clergy fee, O?
I'll scheel her as I think fit,
  And as I think weel to be, O.

'I'll learn your lassie to read and write,
  And I'll put her to the scheel, O;
She'll neither need to saddle my steed,
  Nor draw off my boots hersel', O.

'But wha will bake my bridal bread,
  Or brew my bridal ale, O;
And wha will welcome my bonny bride,
  Is mair than I can tell, O.'

Drum is to the hielands gane,
  For to mak a' ready,
And a' the gentry round about,
  Cried, 'Yonder's Drum and his lady!

speer, ask   *scheel*, school
kebbuck, cheese   *win*, work   *bear-seed*, barley

'Peggy Coutts is a very bonny bride,
    And Drum is a wealthy laddy,
But he might hae chosen a higher match,
    Than ony shepherd's lassie.'

Then up bespak his brither John,
    Says, 'Ye've deen us mickle wrang, O;
Ye've married e'en below our degree,
    A lake to a' our kin, O.'

'Hold your tongue, my brither John,
    I have deen you na wrang, O;
For I've married e'en to work and win,
    And ye've married e'en to spend, O.

'The first time that I had a wife,
    She was far abeen my degree, O;
I durst na come in her presence,
    But wi' my hat upo' my knee, O.

'The first wife that I did wed,
    She was far abeen my degree, O;
She wadna hae walk'd to the yetts o' Drum
    But the pearls abeen her bree, O.

'But an' she was ador'd as much for gold,
    As Peggy's for beauty, O,
She might walk to the yetts o' Drum,
    Amang geed company, O.'

There war four-and-twenty gentlemen
    Stood at the yetts o' Drum, O;
There was na ane amang them a'
    That welcom'd his lady in, O.

He has tane her by the milk white hand,
    And led her in himsel', O,
And in thro' ha's, and in thro' bowers,—
    'And ye're welcome, Lady o' Drum, O.'

Thrice he kissed her cherry cheek,
    And thrice her cherry chin, O;
And twenty times her comely mou',—
    'And ye're welcome, Lady o' Drum, O.

lake, disgrace   *but*, without   *bree*, brow

26

'Ye sall be cook in my kitchen,
    Butler in my ha', O;
Ye sall be lady in my command,
    Whan I ride far awa, O.'—

'But I told ye afore we war wed,
    I was ower low for thee, O;
But now we are wed, and in ae bed laid,
    And ye maun be content wi' me, O.

'For an' I war dead, and ye war dead,
    And baith in ae grave laid, O,
And ye and I war tane up again,
    Wha could distan your moulds frae mine, O?'

Glenlogie

There were four and twenty nobles stood at the king's ha'
And bonny Glenlogie was flooer o' them a'.

There were nine and nine nobles rade roon Banchory Fair
And bonny Glenlogie was flooer o' them there.

Doon come Jeannie Gordon, she come trippin' doonstairs,
And she's fa'en in love with Glenlogie over a' that was there.

She called on his footboy that stood by his side,
Now who is that young man and far does he bide?

'His name is Glenlogie when he is at hame,
And he's o' the Gay Gordons and his name is Lord John.'

'Glenlogie, Glenlogie, you'll be constant and kind,
I've laid my love on you and you're aye in my mind.'

He turned him roon' lichtly as the Gordons do a',
Says, 'I thank you Jeannie Gordon, but your tocher's ower sma'.'

She called on her maiden to make her a bed,
Wi ribbons an' napkins to tie up her head.

An' doon came her father, he came trippin doonstair,
Says, 'O what ails you, Jeannie, that you're lyin there?'

tane up, dug up   distan your moulds, distinguish your remains
tocher, dowry

27

'There's a nice little fellow wi a dark rollin e'e,
If I get not Glenlogie, for him I will dee.'

'O haud your tongue Jeannie, an' give up your folly,
I'll lead you to Drumwhindle, he has more gold than he.'

'O haud your tongue, father, an' let Jeannie be,
If I get not Glenlogie, for him I will dee.'

Her father had a chaplain, a man o' great skill,
He wrote a broad letter, an' he penned it weel.

When Glenlogie got the letter, amang noblemen,
'I wonder,' said Glenlogie, 'what does young women mean?

'I wonder i' the warld what women see in me,
That bonny Jeannie Gordon for my sake should dee?

'O what is my lineage, or what is my make,
That bonny Jeannie Gordon should dee for my sake?

'Go saddle the black horse, and saddle the broon;
Bonnie Jeannie o' Bethelnie will be dead ere I win.'

When he came to Bethelnie, there was naebody there
But ae bonny lassie, she was combin' her hair.

'If ye be the maiden, tak me by the han'
And lead me to the chamber Jeannie Gordon lies in.'

Oh pale and wan was she when Glenlogie came in,
But red and rosy grew she when she kent it was him.

'Oh where does your pain lie? Does it lie in your side?
Oh where does your pain lie? Does it lie in your head?'

'Oh no, no, Glenlogie, ye are far from the part;
The pain that I lie under, it lies in my heart.'

'Turn roon, Jeannie Gordon, turn to your right side,
And I'll be the bridegroom, and ye'll be the bride.'

Now Jeannie's got married and her tocher down told;
Bonnie Jean o' Bethelnie was scarce sixteen years old.

Bethelnie, O Bethelnie, ye shine where ye stand;
May the heather bells around you shine o'er Fyvie's land.

Eppie Morrie

Four-and-twenty Highland men
    Came a' from Carrie side,
To steal awa Eppie Morrie
    'Cause she would not be a bride.

Out it 's came her mother,
    It was a moonlight night,
She could not see her daughter,
    Their swords they shin'd so bright.

'Haud far awa frae me, mother,
    Haud far awa frae me;
There 's not a man in a' Strathdon
    Shall wedded be with me.'

They have taken Eppie Morrie
    And horseback bound her on,
And then awa to the minister
    As fast as horse could gang.

He 's taken out a pistol
    And set it to the minister's breast:
'Marry me, marry me, minister,
    Or else I'll be your priest.'

'Haud far awa frae me, good sir,
    Haud far awa frae me;
For there 's not a man in all Strathdon
    That shall married be with me.'

'Haud far awa frae me, Willie,
    Haud far awa frae me;
For I darna vow to marry you
    Except she 's as willing as ye.'

They have taken Eppie Morrie
    Since better could nae be,
And they're awa to Carrie side
    As fast as horse could flee.

When mass was sung and bells were rung,
    And all were bound for bed,
Then Willie an' Eppie Morrie
    In one bed they were laid.

haud awa, keep away

'Haud far awa frae me, Willie,
  Haud far awa frae me;
Before I'll lose my maidenhead
  I'll try my strength with thee.'

She took the cap from off her head
  And threw it to the way,
Said, 'Ere I lose my maidenhead
  I'll fight with you till day.'

Then early in the morning
  Before her clothes were on,
In came the maiden of Scalletter,
  Gown and shirt alone.

'Get up, get up, young woman,
  And drink the wine wi' me.'
'You might have called me maiden,
  I'm sure as leal as thee.'

'Wally fa' you, Willie,
  That ye could nae prove a man
And ta'en the lassie's maidenhead;
  She would have hired your han'.'

'Haud far awa frae me, lady,
  Haud far awa frae me;
There 's not a man in a' Strathdon
  The day shall wed wi' me.'

Soon in there came Belbordlane
  With a pistol on every side:
'Come awa hame, Eppie Morrie,
  And there you'll be my bride.'

'Go get to me a horse, Willie,
  And get it like a man,
And send me back to my mother
  A maiden as I cam.

'The sun shines o'er the westlin hills;
  By the light lamp of the moon
Just saddle your horse, young John Forsyth,
  And whistle and I'll come soon.'

---

leal, faithful   *Wally fa',* curse   *hired your han',* fee'd you

Katharine Jaffray

Lochnagar cam frae the West
Into the low countrie,
An' he's coorted Katharine Jaffray,
An' stole her heart away.

Hame he cam', ane Amosdale,
Cam' fae the north countrie,
An' he has gained her father's heart,
But an' her mother's tee.

A bridal day it then was set,
An' the bridal day cam' on,
An' who appeared among the guests
But Lochnagar himsel?

A glass was filled o' good red wine,
Weel drunk between the twa:
Said he, 'I'll drink wi' you, bridegroom,
An' syne boun me awa.

'A few words wi' your bridesmaiden
I hope you'll grant me then:
I'm sure before her wedding day
I would have gotten ten.'

Out spoke then the first groomsman,
An' an angry man was he,
Says, 'I will keep my bonnie bride
Until the sun gae tee;

'Until the sun gae tee,' he said,
'Until the sun gae tee,
An' deliver her ower to her bridegroom,
Which is my duty to dee.'

But he's ta'en her by the middle jimp,
An' never stoppit to ca'.
He's ta'en her by the milk-white han'
An' led her through the ha'.

He leaned him ower his saiddle-bow,
An' kissed her cheek an' chin,
An' then he wissed them a' good nicht,
An' hoised her on ahin'.

but an' her mother's tee, and her mother's as well   *boun me awa*, leave
gae tee, goes down   *jimp*, slender

31

He drew a trumpet fae his breist,
An' blew baith lood an' shrill;
A hunner o' weel-airmed men
Cam' Lochnagar until.

A hunner o' weel-airmed men,
Wi' milk-white steeds an' grey,
A hunner o' weel-airmed men
Upon his wedding day.

Horsemen rode, an' bridesmen ran,
An' ladies in full speed,
But you wadna hae seen his yellow locks
For the dust o' his horse's feet.

She turned in the saiddle-bow,
Addressed her late bridegroom,
Says, 'The compliments I got fae you,
I'll return them back again.'

So Katharine Jaffray was mairriet at morn,
An' she was mairriet at noon;
She was twice mairriet in ae day,
Ere she keest aff her goon.

Monymusk

Monymuss shall be a buss
To draw the dun deer down.

Johnnie o' Braidiesley

Johnnie rose up in the May morning,
Called for water to wash his hands.
Says, 'Gae lowse tae me my twa grey dogs
That lie bound in iron bands,
That lie bound in iron bands.'

When Johnnie's mother heard of this,
Her hands for dule she wrang,
Says, 'Johnnie, for your venison,
To the greenwood dinna gang.'

lowse, release   *dule*, grief

But he has ta'en his guid bend-bow,
His arrows one by one,
And he's awa to the greenwood gane,
To ding the dun deer doon.

Johnnie shot and the dun deer lap,
And he wounded her on the side;
And atween the water and the woods,
The grey dogs laid her pride.

They ate so much o' the venison,
And drank so much o' the bleed,
That Johnnie and his twa grey dogs,
Fell asleep as they'd been deid.

By there cam' a silly auld man,
An ill death may he dee;
And he's awa' to Esslemont
The seven foresters for to see.

'As I cam' in by Monymusk,
And doon amang yon scrogs,
There I saw the bonniest youth,
Lyin' sleepin' atween twa dogs.

'The buttons that were on his sleeves
Were o' the gowd sae guid,
The twa dogs that he lay atween,
Their mouths were dyed wi' bleed.'

Then oot and spak' the first forester,
He was headsman ower them a',
'Gin this be Jock o' Braidiesley,
Unto him we will draw.'

The first shot that the forester fired,
It wounded him on the knee;
The next shot that the forester fired
His heart's bleed blin't his e'e.

Then up rose Johnnie oot o' his sleep,
And an angry man was he;
Says, 'Ye micht hae waukened me frae my sleep,
For my heart's blood blins my e'e.'

scrogs, bushes

33

He has leaned his back against an oak,
His foot against a stone,
And he has fired at the seven foresters,
And he's killed them all but one.

He has broken four o' this man's ribs,
His arm and his collar bone,
And he has set him on to his horse,
To carry the tidings home.

Johnnie's guid bend-bow is broke,
And his twa grey dogs are slain;
And his body lies in Monymusk,
And his huntin' days are deen.

Towie Barclay

Towie Barclay of the glen.
Happy to the maids, but never to the men.

Inverugie

Inverugie by the sea,
Lairdless sall your lands be
And underneath your hearth-stane
The tod sall bring her bairns hame.

The Wee Folk's Curse

Dool, dool to Blelack
An dool to Blelack's heir
For drivin' us frae the Seely Howe
To the caul' Hill o' Fare.

Fyvie

Fyvie, Fyvie thou'se never thrive
As lang's there's in thee stanes three.
There's ane intil the highest tower,
There's ane intil the lady's bower
There's ane aneth the water-yett
—An thir three stanes ye'se never get.

tod, fox
dool, grief   *Seely Howe*, happy valley

34

Tifty's Annie

At Mill o' Tifty lived a man
    In the neighbourhood o' Fyvie,
He had a lovely daughter fair
    Was called bonnie Annie.

Lord Fyvie had a trumpeter
    Whose name was Andrew Lammie.
He had the art to gain the heart
    O' Mill o' Tifty's Annie.

But alas! her father came to know
    That the trumpeter o' Fyvie
Had had the art to gain the heart
    O' his daughter bonnie Annie.

Her father soon a letter wrote
    An' sent it to Lord Fyvie,
To say his daughter was bewitched
    By his servant Andrew Lammie.

Then up the stair his trumpeter
    He called him soon an' shortly:
'Pray tell to me what's this you've done
    To Tifty's bonnie Annie?'

'In wicked airt I had nae pairt
    Nor therein was I canny.
True love alone the heart has won
    O' Tifty's bonnie Annie.'

He hied him to the head o' the house,
    To the high house-top o' Fyvie,
He blew his trumpet loud an' shrill,
    'Twas heard at Mill o' Tifty.

Her father locked the door at nicht,
    Laid up the keys fu' canny,
An' when he heard the trumpet sound,
    Said, 'Your cow's lowing, Annie.'

At that same time the Lord came by,
    Said, 'What ails thee, my Annie?'—
'It's a' for love that I maun dee,
    For bonnie Andrew Lammie.'

Her father struck her wondrous sore,
    As also did her mother,
Her sisters also did her scorn,
    But woe be to her brother!

Her brother struck her wondrous sore,
    Wi' cruel strokes an' many;
He broke her back at the ha' door
    For liking Andrew Lammie.

'O mother dear, now make my bed,
    An' lay my face to Fyvie;
There will I lie, an' thus will die
    For my dear Andrew Lammie.'

Her mother then she made her bed
    An' laid her face to Fyvie;
Her tender heart it soon did break,
    An' she never saw Andrew Lammie.

When Andrew hame fae Edinburgh came
    Wi' muckle grief an' sorrow,
Said, 'My love has died for me to-day,
    I'll die for her to-morrow.

'Now I will rin to Tifty's den
    Where the burn rins clear an' bonnie,
Wi' tears I'll view the brig o' Sleuch,
    Where I parted wi' my Annie.

'Then I will rin to the green kirkyard,
    To the green kirkyard o' Fyvie,
Wi' tears I'll water my love's grave
    Till I follow Tifty's Annie.'

The Souters' Feast

The Souter's wife she bare a son,
    Tanteerie orum;
And at the birth there was great fun,
    The eedle and the orum;

souter, shoemaker

The Souters they wad haud a feast;
    Tanteerie orum.
And wasna that a fine jest?
    The eedle and the orum,
        Thee-a-noddle, thee-a-num,
        The eedle and the orum.

Souters cam' frae Auld Deer,
    Tanteerie orum;
And some o' them was gey and queer
    The eedle and the orum;
Souters cam' frae Aiberdeen,
    Tanteerie orum;
And souters cam' frae yont the meen,
    The eedle and the orum.
        Thee-a-noddle, thee-a-num,
        The eedle and the orum.

Souters they cam' hine frae Perth,
    Tanteerie orum;
And souters cam' frae 'neath the earth,
    The eedle and the orum;
Souters cam' frae Peterheid,
    Tanteerie orum;
Wi' fient a teeth in a' their heid,
    The eedle and the orum,
        Thee-a-noddle, thee-a-num,
        The eedle and the orum.

Souters they cam' doon frae Turra,
    Tanteerie orum;
And souters cam' frae Elgin o' Moray,
    The eedle and the orum;
Souters cam' frae Aberdour,
    Tanteerie orum;
Drivin' in a coach-and-four,
    The eedle and the orum.
        Thee-a-noddle, thee-a-num,
        The eedle and the orum.

An ill-faured skyple cam' frae Crimon',
    Tanteerie orum;
A perfect scunner to the women,
    The eedle and the orum;

gey and, very   *hine*, far away   *fient*, hardly
        ill-faured skyple, ugly rascal

A muckle hypal haveless loon,
   Tanteerie orum;
Frae the Fite Steen cam' hoiterin' doon,
   The eedle and the orum.
      Thee-a-noddle, thee-a-num,
      The eedle and the orum.

And when they thocht they a' were come,
   Tanteerie orum;
A cripple breet cam' owre frae Drum,
   The eedle and the orum;
Ridin' on a cripple mear,
   Tanteerie orum;
His apron for his ridin' gear,
   The eedle and the orum.
      Thee-a-noddle, thee-a-num,
      The eedle and the orum.

As he cam' past the mou' o' hell,
   Tanteerie orum;
He saw a barkit hide for sale,
   The eedle and the orum;
Sae he gaed doon to price the leather,
   Tanteerie orum;
Tail and lugs and a' thegither,
   The eedle and the orum.
      Thee-a-noddle, thee-a-num,
      The eedle and the orum.

He gaed doon they kent nae hoo,
   Tanteerie orum;
But he cam' up wi' a foul mou',
   The eedle and the orum;
Syne a' sat doon until their cheer,
   Tanteerie orum;
It was the lowmons o' a mear,
   The eedle and the orum.
      Thee-a-noddle, thee-a-num,
      The eedle and the orum.

But when wi' feastin' they were fou',
   Tanteerie orum;
Syne foul-mou' began to spew,
   The eedle and the orum;

hypal haveless, good-for-nothing, coarse   *hoiterin'*, staggering   *breet*, brute
barkit, tanned   *until their cheer*, to their feast   *lowmons*, carcase

First he spewed the rack strap,
    Tanteerie orum;
And efter that the batter caup,
    The eedle and the orum.
        Thee-a-noddle, thee-a-num,
        The eedle and the orum.

Eleven lasts upon a string,
    Tanteerie orum;
And efter that an ellisin,
    The eedle and the orum;
A bunch o' birse, a ball o' wax,
    Tanteerie orum;
And crookit futtles five or sax,
    The eedle and the orum.
        Thee-a-noddle, thee-a-num,
        The eedle and the orum.

And when they thocht that he was clean,
    Tanteerie orum;
He spewed the turkiss and the stane,
    The eedle and the orum;
Syne when they thocht that he was clear,
    Tanteerie orum;
Up cam' the steel and a' the gear,
    The eedle and the orum.
        Thee-a-noddle, thee-a-num,
        The eedle and the orum.

Oh! Gin I Were Where Gaudie Rins

Oh! gin I were where Gaudie rins, where Gaudie rins, where Gaudie
    rins,
Oh! gin I were where Gaudie rins at the fit o' Bennachie;
Oh! I should ne'er come back again, come back again, come back
    again,
Oh! I should ne'er come back again, your Lowland lads to see.

I never had but twa richt lads, but twa richt lads, but twa richt lads,
I never had but twa richt lads that dearly loved me.

rack strap, strap for holding work on the knee
batter caup, dish for shoemaker's paste   ellisin, awl
birse, bristle attached to shoemaker's waxed thread   futtle, knife
turkiss, pincers   steel, needle

39

The teen was killed in the Lourin Fair, the Lourin Fair, the Lourin Fair,
The teen was killed in the Lourin Fair, and the ither was drooned in the Dee.

Had they gien my lovie man for man, man for man, man for man,
Had they gien my lovie man for man, or yet ae man for three,
He wudna hae lain sae low the day, sae low the day, sae low the day,
He wudna hae lain sae low the day at the foot o' yon arn tree.

But they crooded in sae thick on him, sae thick on him, sae thick on him,
They crooded in sae thick on him, he could neither fecht nor flee.
An' wisna that a dowie day, a dowie day, a dowie day,
An' wisna that a dowie day, a dowie day for me?

The Dee was flowin' frae bank tae bank, frae bank tae bank, frae bank tae bank,
The Dee was flowin' frae bank tae bank, when my lovie dreed his dree.
An' wisna that a dowie day, a dowie day, a dowie day,
An' wisna that a dowie day, a dowie day for me?

He bocht for me a braw new goon, a braw new goon, a braw new goon,
He bocht for me a braw new goon and ribbons tae busk it wi'!
An' I bocht for him the linen fine, the linen fine, the linen fine,
An' I bocht for him the linen fine, his winding sheet tae be.

And noo this twice I've been a bride, I've been a bride, I've been a bride,
And noo this twice I've been a bride, but a wife I'll never be.
Oh, gin I were where the Gaudie rins, where the Gaudie rins, where the Gaudie rins,
Oh, gin I were where the Gaudie rins, at the fit o' Bennachie.

The Gypsy Laddie

Three gypsies cam tae oor ha' door,
An' oh! but they sang bonnie O.
Oh, they sang sae sweet and sae complete,
That they stole the hert of a lady O.

---

arn, alder   *dowie*, sad   *dreed his dree*, suffered his fate   *busk*, trim

When she cam' trippin' doon the stair
Her maidens twa afore her O,
They took one look at her weel-faur'd face
An' they cast their spells oot ower her O.

They've gien tae her the nutmeg fine
Likewise a little ginger O,
An' one o' them stepped up by her side,
Stole the gold ring aff her finger O.

It's she's cast aff her bonny silken goon,
Pit on her tartan plaidie O.
An' she gaithered roon her maidens twa
An' they bid fareweel tae their lady O.

When her good lord cam' hame that night
He was speirin' for his lady O.
'Oh, the hounds has run an' the hawks are flown,
An' the gypsy's awa wi' your lady O.'

'Gae saddle tae me my bonny black horse
The broon was ne'er sae speedy O,
For I will neither eat nor drink
Till I win back my lady O.'

Oh, they rade east and they rade west
An' they rade through Strathbogie O.
An' there they spied the bonny lass;
She was followin' the gypsy laddie O.

'Oh, the very last time that I crossed this river
I had dukes an' lords tae attend me O.
But this night I maun set in my white feet an' wade,
An' the gypsies wadin' a' roon me O.'

It's 'Will ye gie up your houses an' your land,
Will ye gie up your baby O,
An' will ye gie up your ain wedded lord
An' keep followin' the gypsy laddie O?'

It's 'I'll gie up my houses an' my land,'
It's 'I'll gie up my baby O,
For I've made a vow an' I'll keep it true
Tae follow my gypsy laddie O.'

weel-faur'd, beautiful

41

There are seven brithers o' us a'
An' o but we were bonny O.
But this very night we a' shall be hanged
For the stealin' o' the Earl's lady O.

He's sent for a hangman oot o' Fife,
An' anither ane oot o' Kirkcaldy O.
An' ane by ane he's laid them doon
For the stealin' o' his lady O.

'Last night I lay on a good feather bed.
Wi' my good lord beside me O.
But this night I maun lie in a cauld open van.
Wi' the gypsies lying a' roon me O.'

Macpherson's Rant

Fare ye weel ye dark and lonely hills,
Far away beneath the sky.
Macpherson's time will not be long
On yonder gallows tree.

> Sae rantinly, sae wantonly,
> Sae dantinly gaed he.
> He played a tune, an he danced it roon,
> Ablow the gallows tree.

It was by a woman's treacherous hand
That I was condemned tae dee.
Upon a ledge at a window she stood
And a blanket she threw ower me.

The Laird o' Grant, that Hieland saunt,
That first laid hands on me.
He pleads the cause o' Peter Broon,
Tae let Macpherson dee.

Untie these bands frae off my hands
An' gie tae me my sword,
An' there's no a man in a' Scotland
But I'll brave him at a word.

For there's some come here tae see me hanged
An' some tae buy my fiddle
But before that I do part wi' her
I'll brak her through the middle.

42

He took the fiddle intae baith o' his hands
An' he brak it ower a stane.
Says no anither hand shall play on thee
When I am deid an' gane.

Farewell my ain dear Highland hame,
Fareweel my wife an' bairns.
There was nae repentance in my hert
When my fiddle was in my airms.

O, little did my mither think
When first she cradled me
That I would turn a rovin' boy
An' die on a gallows tree.

The reprieve was comin' ower the Brig o' Banff
Tae set Macpherson free.
Bit they pit the clock a quarter afore
An' they hanged him tae the tree.

Banff

Banff it is a borough's toon
A Kirk withoot a steeple,
A midden o' dirt at ilky door,
A very unceevil people.

The Bonnie Lass o' Fyvie

There was a troop o' Irish Dragoons
Cam' a-marchin' doon through Fyvie O,
An' their captain's fa'n in love wi' a very bonnie lass,
An' her name it was ca'd pretty Peggy O.

Noo there's mony a bonnie lass in the Howe o' Auchterless,
There's mony a bonnie lass in the Garioch O,
There's mony a bonnie Jean in the toon o' Aiberdeen,
But the floo'er o' them a' is in Fyvie O.

Oh it's 'Come doon the stair, pretty Peggy, my dear,
Oh come doon the stair, pretty Peggy O,
Oh come doon the stair, kame back your yellow hair,
Tak' a last fareweel o' your daddy O.

43

'It's braw, aye, it's braw a captain's lady tae be,
It's braw tae be a captain's lady O.
It's braw tae rant an' rove an' tae follow at his word,
An' tae march when your captain he is ready O.'

But the Colonel he cries 'Now mount, boys, mount!'
The captain he cries 'Oh tarry, O,
Oh gang nae awa' for anither day or twa,
Till we see if this bonnie lass will marry O.'

It was early next morning that we rode awa'
An' oh but oor captain was sorry O.
The drums they did beat owre the bonnie braes o' Gight
An' the band played The Lowlands o' Fyvie O.

Lang ere we wan intae auld Meldrum toon
It's we had oor captain tae carry O.
An' lang ere we wan intae bonnie Aiberdeen,
It's we had oor captain tae bury O.

Green grow the birk upon bonnie Ythanside
An' law lies the lawlands o' Fyvie O,
The captain's name was Ned an' he died for a maid,
He died for the bonnie lass o' Fyvie O.

The Battle of Corrichie

Murn, ye Highlands, murn, ye Laighlands,
    I trow ye hae muckle need,
For the bonnie burn o' Corrichie
    His run this day wi' bleid.

Thi hopefu' Laird o' Finliter,
    Erle Huntley's gallant son,
For thi love hi bare our beautious quine,
    His gart fair Scotland mone.

Hi has broken his ward in Abirdene,
    Thru' dreid o' the fause Murry;
And his gather't the gentle Gordone clan,
    And his father, auld Huntley.

trow, am sure   *bleid*, blood
quine, girl, but also, in this case, queen (Queen Mary)

44

Fain wid hi tak' our bonny guide quine,
    And beare her awa' wi' him;
But Murry's slee wyles spoilt a' the sport,
    And reft him o' life and limb.

Murry gart raise thi tardy Merns men,
    And Angus and mony ane mair;
Erle Morton and the Byres Lord Linsay,
    And campit at the Hill o' Fare.

Erle Huntley cam' wi' Haddo Gordone,
    And countit ane thousan' men;
But Murry had abien twal hunder,
    Wi' sax score horsemen and ten.

They soundit the bougils and trumpits,
    And marchit on in brave array;
Till the spiers and the axis forgatherit,
    And then did begin the fray.

The Gordones sae fercely did fecht it,
    Withouten terror or dreid,
That mony o' Murry's men lay gaspin',
    And dyit the ground wi' their bleid.

Then fause Murry feignit to flee them,
    And they pursuit at his back,
When the half o' the Gordones desertit
    And turnit wi' Murry in a crack.

Wi' heather in thir bonnets they turnit,
    The traitor Haddo o' thir heid,
And slaid thir brithers and thir fatheris,
    And spoilt and left them for deid.

Then Murry cried to tak' the auld Gordone,
    And mony ane ran wi' speid;
But Stuart o' Inchbraik had him stickit,
    And out gushit the fat lurdan's bleid.

Then they tuke his twa sons, quick and hale,
    And bare them awa' to Abirdene;
But sair did our guide quine lament,
    Thi waefu' chance that they were tane.

      stickit, stabbed   *lurdan*, rascal

Erle Murry lost mony a gallant stout man,
    The hopefu' Laird o' Thornitune,
Pillara's sons, and Eglis far fearit laird,
    And mair to me unkend fell doon.

Erle Huntley mist ten score o' his braw men,
    Sum o' heigh, and sum o' laigh degree;
Skeenis' young son, the pride o' a' the clan
    Was ther fund deid—he widna flee.

This bluidy fecht wis fercely faucht,
    Octobri's aught and twenty day;
Christ's fyfteen hunder three score year
    And twa, will merk the deidlie fray.

But now the day maist waefu' cam',
    That day the quine did greet her fill;
For Huntley's stalwart son
    Wis headit on the Headin hill.

Fyve nobles wi' him hangit were,
    Upon thi samen fatal plain;
Cruel Murry gart the waefu' quine luke out,
    And see her lover and liges slain.

I wis our quine had better frinds,
    I wis our country better peice;
I wis our lords wid nae discord,
    I wis our weirs at hame may ceise.

WILLIAM FORBES

Logie o' Buchan

O Logie o' Buchan, O Logie the laird,
They hae ta'en awa Jamie that delved i' the yaird;
He played on the pipe and the viol sae sma';
They hae ta'en awa Jamie, the flower o' them a'.
    He said, 'Think na lang, lassie, though I gang awa,'
    He said, 'Think na lang, lassie, though I gang awa;
    For the simmer is coming, cauld winter's awa,
    And I'll come and see thee in spite o' them a'.'

O Sandy has owsen, has gear, and has kye,
A house and a haddin, and siller forbye,
But I wad hae Jamie wi' his staff in his hand,
Before I'd hae Sandy wi' houses and land.

My daddie looks sulky, my minnie looks sour,
They frown upon Jamie because he is poor;
But daddie and minnie although that they be,
There's nane o' them a' like my Jamie to me.

I sit on my creepie, and spin at my wheel,
And think on the laddie that lo'ed me sae weel;
He had but ae saxpence—he brak it in twa,
And gied me the hauf o't whan he gaed awa.
    Then haste ye back, Jamie, and bide na awa,
    Then haste ye back, Jamie, and bide na awa;
    Simmer is coming, cauld winter's awa,
    And ye'll come and see me in spite o' them a'.

GEORGE HALKET

The White Cockade

My love was born in Aberdeen,
The bonniest lad that e'er was seen;
But now he mak's oor he'rts fu' sad—
He's ta'en the field wi' his white cockade.

    O he's a rantin' rovin' blade!
    O he's a brisk an' a bonnie lad!
    Betide what may, my heart is glad
    To see my lad wi' his white cockade.

O leeze me on the philabeg,
The hairy hough, an' garter'd leg!
But aye the thing that glads my e'e,
Is the white cockade aboon the bree.

I'll sell my rock, I'll sell my reel,
My ripplin' kame an' spinnin' wheel,
To buy my lad a tartan plaid,
A braidsword and a white cockade.

haddin, holding   *creepie*, low stool
O leeze me on, I am delighted by, I dote on
rock, distaff   *reel*, spool   *ripplin' kame*, flax comb

47

I'll sell my rokely an' my tow,
My gweed grey mear an' hawket sow,
That every loyal Buchan lad
May tak' the field wi' his white cockade.

Woo'd and Married and A'

Wooed and married and a',
    Married and wooed and a';
The dandilly toast of the parish
    Is wooed and married and a'.
The wooers will now ride thinner,
    And by, when they wonted to ca';
'Tis needless to speer for the lassie
    That 's wooed and married and a'.

The girss had na freedom of growing
    As lang as she wasna awa',
Nor in the town could there be stowing
    For wooers that wanted to ca'.
For drinking and dancing and brulyies,
    And boxing and shaking of fa's,
The town was for ever in tulyies;
    But now the lassie 's awa'.

But had they but ken'd her as I did,
    Their errand it wad ha'e been sma';
She neither kent spinning nor carding,
    Nor brewing nor baking ava'.
But wooers ran all mad upon her,
    Because she was bonnie and braw,
And sae I dread will be seen on her,
    When she 's byhand and awa'.

He'll roose her but sma' that has married her,
    Now when he 's gotten her a',
And wish, I fear, he had miscarry'd her,
    Tocher and ribbons and a'.

rokely, short cloak   *tow*, flax   *hawket*, white-faced
dandilly, spoiled   *wonted*, used   *speer*, ask for the hand of   *girss*, grass
stowing, room to move   *brulyies*, brawls   *shaking of fa's*, wrestling
tulyies, uproar   *carding*, combing wool   *ava'*, at all   *seen*, found out
byhand, settled   *roose*, praise   *miscarry'd*, abandoned   *tocher*, dowry

For her art it lay all in her dressing;
    But gin her braws ance were awa',
I fear she'll turn out o' the fashion,
    And knit up her moggans with straw.

For yesterday I yeed to see her,
    And O she was wonderous braw,
Yet she cried to her husband to gie her
    An ell of red ribbons or twa.
He up and he set doun beside her
    A reel and a wheelie to ca';
She said, 'Was he this gate to guide her?'
    And out at the door and awa'.

Her neist road was hame till her mither,
    Who speer'd at her now, 'How was a'?'
She says till her, 'Was 't for nae ither
    That I was married awa',
But gae and sit down to a wheelie,
    And at it baith night and day ca',
And ha'e the yarn reeled by a cheelie,
    That ever was crying to draw?'

Her mother says till her, 'Hech, lassie,
    He 's wisest, I fear, of the twa;
Ye'll ha'e little to put in the bassie,
    Gin ye be backward to draw.
'Tis now ye should work like a tiger
    And at it baith wallop and ca',
As lang 's ye ha'e youthhead and vigour,
    And little anes and debt are awa'.

'Sae swythe awa' hame to your hadding,
    Mair fool than when ye came awa';
Ye maunna now keep ilka wedding,
    Nor gae sae clean-fingered and braw;
But mind with a neiper you're yokit,
    And that ye your end o't maun draw,
Or else ye deserve to be dockit;
    Sae that is an answer for a'.'

turn out o', give up   moggans, stockings   yeed, went   ell, yard
wheelie, spinning wheel   this gate, in this way   neist, nearest
cheelie, lad   bassie, basket   wallop and ca', keep at it energetically
swythe, hurry   hadding, household   neiper, partner
yokit, harnessed   dockit, spanked

49

Young lucky now finds herself nidder'd,
    And wist na well what gate to ca';
But with hersel even considered
    That hamewith were better to draw,
And e'en tak her chance of her landing,
    However the matter might fa';
Folk need not on frets to be standing
    That 's wooed and married and a'.

ALEXANDER ROSS

Weather Rhyme

Wild geese, wild geese gangin tae the sea
Good weather it will be.
Wild geese, wild geese gangin tae the hill,
The weather it will spill.

Horace, Book I, Ode IX,
imitated in modern Scots

Look up, my friend, look up and see,
The hills of North and Bannochie,
    What heaps of snaw lie o' them!
Lord help the bodies of the hills,
For neither plows, nor kills, nor mills,
    Can gang this day amo' them.

The hills are white, the woods are blew,
There's neither drink for horse nor cow
    (The wells are smor'd wi' drift),
But when the silly servant lad
Flings aff the snaw wi' shool and spade,
    And makes a sorry shift.

But fat care I? the fint a hair,
Whether the night be foul or fair,
    I'm sure there's nae great pingle,
To quaff the bowl, to smoke, to crack,
An' gar baith cauld and care stand back,
    Beside a bleezing ingle.

---

lucky, housewife   *nidder'd*, depressed   *gate to ca'*, course to take
hamewith, homeward   *on frets to be standing*, fuss about trivialities
bodies, folk   *kills*, kilns   *smor'd*, smothered   *but*, except
silly, simple   *shool*, shovel   *pingle*, toil   *crack*, gossip

Neist day will bring provision wi't,
God kens an' we be spar'd to see't;
    The whistling western gales
Will melt the snaw, and tir the hills,
And set a-going kills and mills,
    And plows to yeer the vales.

While you're possest of youth and vigour,
At kirk and market cut a figure,
    At bridals, balls, and banquets,
'Ere age come creeping like a snail,
And make you twa-fold like a flail,
    And nail you to the blankets;

Flyp baith your cheeks, and fur your brow,
Twin you of teeth and mark o' mou',
    And sharp your whitlie nose,
And with your fabric act a farce
Will gar your breeks hing o'er your arse,
    And legs haf fill your hose.

Be brisk—'tis neither sin nor shame
To squeeze a bonny lassie's wame,
    To seize her ring or neck-lace.
Tho' she cry hout—you're damn'd uncivil!
Ne'er mind it—for the horned devil
    She hates nae war than blate-face.

VANLU

Hogmanay

Rise up auld wife an shak yer feathers;
Dinna think it we are beggars;
We're only bairnies come to play—
Rise up an gee's wir Hogmanay
Wir feet's cauld, wir sheen's thin,
Gee's a piece an lat's rin.

We'll sing for bread, we'll sing for cheese,
We'll sing for a' yir orra bawbees,
We'll sing for meal, we'll sing for maut,
We'll sing for siller to buy wir saut.

---

tir, strip	*yeer*, plough	*flyp*, wrinkle	*fur*, furrow	*twin*, deprive
mark, shape	*whitlie*, pale	*wame*, stomach	*blate-face*, someone who is shy
		orra bawbees, spare halfpennies		

The Monymusk Christmas Ba'ing

(Extracts)

Has never in a' this country been,
    Sic shoudering and sic fa'ing,
As happenet twa three days senseen,
    Here at the Christmas Ba'ing:
At evening syne the Fallows keen
    Drank till the neist day's dawing,
Sae snell, that some tint baith their een,
    And couldna pay their lawing
        For a' that day.

Like bumbees bizzing frae a bike,
    Whan Herds their riggins tirr;
The Swankies lap thro' mire and sike,
    Wow! as their heads did birr!
They yowph'd the Ba' frae dike to dike
    Wi' unco speed and virr;
Some baith their shouders up did fyke,
    For blythness some did flirr
        Their teeth that day.

Rob Roy, I wot, he was na dull,
    He first loot at the Ba',
An' wi' a rap clash'd Geordy's skull
    Hard to the Steeple wa'.
Wha was aside but auld Tam Tull?—
    His frien's mishap he saw,
Syne brein'd like ony baited bull,
    And wi' a thud dang twa
        To th' yird that day.

The hurry-burry now began,
    Was right weel worth the seeing,
Wi' bensils bauld tweish man and man,
    Some getting fa's, some gieing;
And a' the tricks o' foot and hand,
    That ever were in being;
Sometimes the Ba' a yirdlins ran,
    Sometimes in air was fleeing
        Fou heigh that day.

Ba'ing, ballgame   *fa'ing*, wrestling   *senseen*, ago   *Fallows*, lads
snell, fiercely   *tint*, lost   *lawing*, tavern bill   *bike*, hive   *riggins*, rafters
tirr, unroof   *Swankies*, active lads   *sike*, burn   *birr*, whirl   *yowph'd*, drove
virr, strength   *fyke*, jerk   *flirr*, gnash   *loot*, struck   *brein'd*, roared
dang, struck   *bensils*, strugglings   *tweish*, between   *yirdlins*, along the ground

The Tanner was a primpit bit,
   And light like ony feather,
He thought it best to try a hit,
   Ere a' the thrang shoud gather;
He flew wi' neither fear nor wit,
   As fou' o' wind's a bladder;
Unluckily he tint the fit,
   Aud tann'd his ain bum-leather
      Fell well that day.

Syne Francy Winsy steppit in,
   A sauchin slav'ry slype,
Ran forrat wi' a fearfu' din,
   And drew a swingeing swype;
But hieland Tammy thought nae sin
   T' come o'er him wi' a snype,
Levell'd his nose maist wi' his chin,
   And gart his swall'd een sype
      Sawt tears that day.

Bockin red bleed, the Fliep mair cawm,
   Ran to the house to Mammie,
'Alas!' co' Katie when she saw him,
   'Wha did you this, my Lammie?'
'A muckle man,' co' he, 'foul fa him,
   They ca' him hieland Tammie,
Rax'd me alang the chafts a whawm
   As soon as ever he saw me,
      And made me blae.'

In came the inset Dominie,
   Just riftin' frae his dinner,
A young Mess John as ane cou'd see,
   Was neither Saint nor Sinner:
A brattlin' band, unhappilie,
   Drave by him wi' a binner,
And heels-o'er-gowdie cowpit he,
   And rave his guid horn penner
      In twa that day.

primpit, prim   *sauchin*, feeble   *slype*, rascal   *come o'er him*, assault
snype, blow   *sype*, ooze   *Bockin*, vomiting   *Fliep*, stupid coward
mair caum, quieter   *rax'd*, reached   *chafts*, jaws   *inset*, temporary
   Mess John, minister   *brattlin'*, clattering   *binner*, din
   heels-o'er-gowdie, head-over-heels   *rave*, split   *penner*, pen-case

53

The Millart lad, a souple fallow,
　　Ran's he had been red wood;
He fether'd fierce like ony swallow
　　Cry'd, hegh! at ilka thud.
A stiblart gurk wi' phiz o' yellow,
　　In youthit's sappy bud,
Nae twa there wadha gart him wallow,
　　Wi' fair play i' the mud
　　　　On's back that day.

Tam Tull upon him kiest his ee
　　Saw him sae mony foolzie,
He green'd again some prott to pree,
　　An' raise anither bruilzie.
Up the kirk-yard he fast did jee,
　　I wat he was na hooly,
And a' the ablachs glowr'd to see
　　A bonny kind o' toolzie,
　　　　Atween them twae.

The Millart never notic'd Tam,
　　Sae browden'd he the Ba',
He rumbl'd rudely like a ram,
　　Dang o'er whiles ane, whiles twa.
The Traitor in afore him came,
　　Ere ever he him saw,
Rawght him a rap o' the forestamm,
　　But hadna time to draw
　　　　Anither sae.

Afore he cou'd step three inch back,
　　The Millart drew a knife,
A curst-like gully and a snack,
　　Was made, fowk said, in Fife.
The lave their thumbs did blythely knack,
　　To see the sturty strife;
But Tam, I ken, wadha gien a plack,
　　T' ha been safe wi' his wife
　　　　At hame that day.

---

wood, mad　　*fether'd*, flew　　*stiblart gurk*, fat yong fellow　　*phiz*, face
youthit's, youth's　　*kiest*, cast　　*foolzie*, get the better of　　*green'd*, longed for
prott, trick　　*pree*, try　　*bruilzie*, brawl　　*jee*, move　　*hooly*, cautious
ablachs, fools　　*toolzie*, struggle　　*browden'd*, cherished　　*rawght*, fetched
forestamm, brow　　*snack*, sharp　　*lave*, rest　　*knack*, snap
sturty, troublesome　　*plack*, coin

The Parish-Clerk came up the yard,
　　A man fou' meek o' mind;
Right jinsh he was and fell well fawr'd,
　　His claithing was fou' fine.
Just whare their feet the dubs had glaar'd
　　And brew'd them a' like brine,
Daft Davy Don wi' a derf dawrd,
　　Beft o'er the grave Divine
　　　　On's bum that day.

When a' were pitying sic mishap,
　　And swarm'd about the Clerk,
Wi' whittles some his hat did scrap,
　　Some dighted at his sark:
Will Winter gae the Ba' a chap,
　　He ween'd he did a wark,
While Sanny wi' a well-wyl'd wap,
　　Yowph'd her in o'er the Park,
　　　　A space and mae.

Wi' that Rob Roy gae a rair,
　　A rierfou' rowt rais'd he,
Twas hard, they said, three mile and mair,
　　Wha likes may crydit gie:
His paughty heart was fou o' cair,
　　And knell'd fell sair to see
The cleverest Callant that was there,
　　Play himsell sic a slee
　　　　Begeck that day.

Jack Jalop shouted like a gun,
　　As something had him ail'd:
'Fy Sirs,' quo' he, 'the bonspale's win,
　　And we the Ba' have hail'd.'
Some grien'd for ae hawf hour's mair sun,
　　'Cause fresh and nae sair fail'd:
Ithers did Sanny great thanks cunn,
　　And thro' their haffats trail'd
　　　　Their nails that day.

jinsh, neat　　*well fawr'd*, handsome　　*derf dawrd*, hard thump
beft, struck　　*whittles*, knives　　*dighted*, cleaned　　*chap*, tap
weel-wyl'd wap, well chosen stroke　　*rierfou' rowt*, roaring din
paughty, proud　　*knell'd*, shouted　　*Begeck*, trick　　*bonspale*, contest
great thanks cunn, felt very grateful　　*haffats*, locks of hair

55

Syne a' consentit to be friens
 And lap like suckand fillies;
Some redd their hair, some main'd their banes,
 Some bann'd the bangsom billies.
The pensy lads dosst down on stanes
 Whopt out their snishin-millies,
And a' were fain to tak their einds
 And club a pint o' Lillie's
  Best ale that day.

In Monimuss was never seen
 Sae mony well beft skins;
Of a' the Ba'men there was nane
 But had twa bleedy shins.
Wi' streinzeit shoulders mony ane
 Dree'd penance for their sins,
And what was warst, scowp'd hame, them lane,
 Maybe to hungry Inns
  And cauld that day.

JOHN SKINNER

The Wee Hen

There wis a wee, wee hen
 Gaed oot tae seek her meat,
Some body they took a steen
 An' dang her aff her feet.
They dang her aff her feet;
 An' they micht hae latten her be,
For ilka day she laid an egg
 And on Sunday she laid three.

The Ewie wi' the Crookit Horn

Were I but able to rehearse
 My Ewie's praise in proper verse,
I'd sound it forth as loud and fierce
 As ever piper's drone could blaw;
The Ewie wi' the crookit horn,
 Wha had kent her might hae sworn
Sic a Ewe was never born,
 Hereabout nor far awa.

redd, combed   main'd, lamented   bann'd, cursed   bangsom, quarrelsome
pensy, fine-looking   dosst, sat down   whopt, drew
snishin-millies, snuff-boxes   tak their einds, get back their breath
streinzeit, strained   scowp'd, went off   Inns, lodgings

I never needed tar nor keil
To mark her upon hip or heel,
Her crookit horn did as weel
    To ken her by amo' them a';
She never threaten'd scab nor rot,
But keepit ay her ain jog-trot,
Baith to the fauld and to the cot,
    Was never sweir to lead nor ca'.

Cauld nor hunger never dang her,
Wind nor wet could never wrang her,
Anes she lay an ouk and langer
    Furth aneath a wreath o' snaw;
Whan ither Ewies lap the dyke,
And eat the kail for a' the tyke,
My Ewie never play'd the like,
    But tyc'd about the barn wa'.

A better or a thriftier beast,
Nae honest man could weel hae wist,
For silly thing she never mist
    To hae ilk' year a lamb or twa;
The first I had I gae to Jock,
To be to him a kind o' stock.
And now the laddie has a flock
    O' mair nor thirty head ava.

I lookit aye at even for her,
Lest mishanter shou'd come o'er her,
Or the fowmart might devour her,
    Gin the beastie bade awa;
My Ewie wi' the crookit horn,
Well deserved baith girse and corn,
Sic a Ewe was never born,
    Hereabout nor far awa.

Yet last ouk, for a' my keeping,
(Wha can speak it without greeting?)
A villain cam when I was sleeping,
    Sta' my Ewie, horn and a':
I sought her sair upo' the morn,
And down aneath a buss o' thorn
I got my Ewie's crookit horn,
    But my Ewie was awa.

keil, red dye	*sweir*, lazy	*ca'*, call the other sheep	*dang*, overwhelmed
ouk, week	*for a' the tyke*, despite the dog		*tyc'd*, moved cautiously
wist, known	*stock*, basis	*mishanter*, accident	*fowmart*, pole cat
	girse, grass	*buss o' thorn*, thorn bush	

O! gin I had the loun that did it,
Sworn I have as well as said it,
Tho' a' the warld should forbid it,
    I wad gie his neck a thra':
I never met wi' sic a turn,
As this sin ever I was born,
My Ewie wi' the crookit horn,
    Silly Ewie stown awa.

O! had she died o' crook or cauld,
As Ewies do when they grow auld,
It wad na been, by mony fauld,
    Sae sair a heart to nane o's a':
For a' the claith that we hae worn,
Frae her and hers sae aften shorn,
The loss o' her we cou'd hae born
    Had fair strae-death ta'en her awa.

But thus, poor thing, to lose her life,
Aneath a bleedy villain's knife,
I'm really fley't that our guidwife
    Will never win aboon't ava:
O! a' ye bards benorth Kinghorn,
Call your muses up and mourn,
Our Ewie wi' the crookit horn,
    Stown frae's, and fellt and a'!

JOHN SKINNER

Fisherman's Rhyme

Keep Mormond Hill a handspike high
And Rattray Briggs you'll not come nigh.

The Boatie Rows

I

O weel may the boatie row,
    An' better may she speed,
O leesome may the boatie row
    That wins the bairns bread.

thra', twist	*stown*, stolen	*crook*, crippling	*strae-death*, natural death
	fley't, afraid	*win aboon't*, survive it	*fellt*, butchered
		leesome, happily	

The boatie rows, the boatie rows,
  The boatie rows indeed,
And happy be the lot of a'
  That wishes her to speed.

II

O leesome may the boatie row
  That fills a heavy creel,
And claithes us a' frae head to fit,
  And buys the pottage meal.
    The boatie rows, the boatie rows,
      The boatie rows weel,
    And lightsome be her load wha bears
      The murlin and the creel.

III

Whan Jemmy vow'd he wad be mine,
  And wan frae me my heart,
Ah! muckle lighter grew my creel,
  He swore we'd never part.
    The boatie rows, the boatie rows,
      The boatie rows weel,
    And muckle lighter is the load,
      Whan love bears up the creel.

IV

My curtch I pat upon my head,
  And deck'd mysel' fu' bra',
I trow my heart was douff and wae,
  When Jemmy gaed awa'.
    The boatie rows, the boatie rows,
      The boatie rows indeed;
    And happy be the lot of a'
      Wha wishes her to speed.

V

Whan Sanny, Jock, and Jannettie,
  Are up, and gotten lair,
They'll help to gar the boatie row
  And lighten a' our care.
    The boatie rows, the boatie rows,
      The boatie rows weel,
    And leesome may the boatie row
      That wins the bairns meal.

murlin, narrow-mouthed basket   _curtch_, kerchief   _douff_, heavy
            lair, learning

VI

And whan wi' age we're borne down,
   And hirplin' roun' the door,
They'll row and keep us warm and dry,
   As we've done them before.
     The boatie rows, the boatie rows,
      The boatie rows indeed,
     And happy be the lot of a'
      Wha wishes her to speed.

JOHN EWEN

Cauld Kail in Aberdeen

I

There's cauld kail in Aberdeen
And castocks in Stra'bogie,
Where ilka man maun hae his lass
But I maun hae my cogie.
I maun hae my cogie, sirs,
I canna want my cogie;
I wadna gie the three-gir'd cog
For a' the queans in Bogie.

There's Johnnie Smith has got a wife,
Wha scrimps him o' his cogie;
If she were mine, upon my life,
I'd douk her in the Bogie.
I maun hae, etc.

Cauld Kail in Aberdeen

II

There's cauld kail in Aberdeen,
   And castocks in Stra'bogie;
Gin I hae but a bonnie lass,
   Ye're welcome to your cogie.
And ye may sit up a' the night,
And drink till it be braid daylight;
Gie me a lass baith clean and tight
   To dance the reel o' Bogie.

castocks, cabbage stocks
Stra'bogie, the old name for the district of Huntly on the River Bogie
cogie, drinking-cup   *three-gir'd*, the wooden cup had three metal hoops
tight, trim

In cotillons the French excel;
    John Bull loves country dances;
The Spaniards dance fandangoes well;
    Mynheer an allemande prances;
In foursome reels the Scots delight,
At threesomes they dance wondrous light,
But twasomes ding a' out o' sight,
    Danced to the reel o' Bogie.

Come lads, and view your partners weel;
    Wale each a blithesome rogie;
I'll tak this lassie to mysel,
    She looks sae keen and vogie.
Now, piper lads, bang up the spring,
The country fashion is the thing,
To prie their mou's ere we begin
    To dance the reel o' Bogie.

Now ilka lad has got a lass,
    Save yon auld doited fogey,
And ta'en a fling upon the grass,
    As they do in Stra'bogie.
But a' the lasses look sae fain,
We canna think oursel's to hain,
For they maun hae their come again,
    To dance the reel o' Bogie.

Now a' the lads hae done their best,
    Like true men o' Stra'bogie;
We'll stop a while, and tak a rest,
    And tipple out a cogie.
Come now, my lads, and tak your glass,
And try ilk ither to surpass,
In wishing health to every lass
    To dance the reel o' Bogie.

ALEXANDER, DUKE OF GORDON

---

wale, choose *rogie*, little rogue, darling *vogie*, high-spirited
prie, taste, kiss *doited fogey*, doddery old man *fain*, eager
hain, abstain, hold back *come again*, kiss at the end of a dance

Kail Brose

Sandy Kilrannie
The Laird o' Kilnap
He suppit kail brose
Till his wyme it did crack.
He suppit the brose
An swallit the speen.
'Ho, ho,' quo Sandy,
'The brose is a' deen.'

The Wee Wifukie

There was a wee bit wifukie was comin' frae the fair,
Had got a wee bit drappukie that bred her meikle care;
It gaed about the wifie's heart, and she began to spue;
'Oh!' quo' the wee wifukie, 'I wish I binna fu'!
  I wish I binna fu" quo she, 'I wish I binna fu'!
  Oh!' quo' the wee wifukie, 'I wish I binna fu'!'

'If Johnnie find me barley-sick, I'm sure he'll claw my skin;
But I'll lie down and tak' a nap before that I gae in.'
Sitting at the dykeside, and taking o' her nap,
By came a packman laddie wi' a little pack.
  'Wi' a little pack,' quo' she, 'wi' a little pack.
  By came a packman laddie wi' a little pack.'

He's clippit a' her gowden locks, sae bonnie and sae lang;
He's ta'en her purse and a' her placks, and fast awa' he ran,
And when the wife awakened her head was like a bee.
'Oh!' quo' the wee wifukie, 'this is nae me!
  This is nae me,' quo' she, 'this is nae me:
  Somebody has been felling me, and this is nae me.

'I met wi' kindly company, and birled my bawbee,
And still, if this be Bessukie, three placks remain wi' me;
But I will look the pursie nooks, see gin the cunzie be.
There's neither purse nor plack about me!—this is nae me.
  This is nae me,' quo' she, 'this is nae me.
  There's neither purse nor plack about me!—this is nae me.

wyme, stomach
I wish I binna, I hope I'm not   barley-sick, drunk   placks, small coins
        felling, beating   birled, spent freely   cunzie, coins

62

'I have a little housukie, but and a kindly man;
A dog, they ca' him Doussikie; if this be me he'll fawn;
And Johnnie he'll come to the door, and kindly welcome gi'e;
And a' the bairns on the floor-head will dance if this be me.
   This is nae me,' quo' she, 'this is nae me;
   But a' the bairns on the floor-head will dance if this be me.'

The night was late and dang out weet, and oh, but it was dark!
The doggie heard a body's foot, and he began to bark;
O when she heard the doggie bark, and kennin' it was he,
'O weel ken ye, Doussie,' quo' she, 'this is nae me.
   This is nae me,' quo' she, 'this is nae me!
   Weel ken ye, Doussie,' quo' she, 'this is nae me.'

When Johnnie heard his Bessie's word, fast to the door he ran.
'Is that you, Bessukie?' 'Wow na, man!
Be kind to the bairns a', and weel mat ye be;
And fareweel, Johnnie,' quo' she, 'this is nae me.
   This is nae me,' quo' she, 'this is nae me;
   Fareweel, Johnnie,' quo' she, 'this is nae me!'

Johnnie ran to the minister, his hair stood a' on end;
'I've gotten sic a fricht, sir, I fear I'll never mend.
My wife's come hame without a head, crying out maist piteously—
"O fareweel, Johnnie," quo' she, "this is nae me!
   This is nae me," quo' she, "this is nae me!
   Fareweel, Johnnie," quo' she, "this is nae me!" '

'The tale you tell,' the parson said, 'is wonderful to me,
How that a wife without a head could speak, or hear, or see!
But things that happen hereabout so strangely altered be,
That I could maist, wi' Bessie, say, 'tis neither you nor she,
   Neither you nor she,' quo' he, 'neither you nor she;
   Wow, na, Johnnie man, 'tis neither you nor she!'

Now Johnnie he cam' hame again, and oh! but he was fain
To see his little Bessukie come to hersel' again.
He got her sitting on a stool, wi' Tibbuck on her knee;
'Oh! come awa', Johnnie!' quo' she, 'come awa' to me!
   This is now me,' quo' she, 'this is now me!
   I've got a nap wi' Tibbuckie, and this is now me.'

ALEXANDER WATSON

but and, and also   *floor-head*, floor surface
dang out weet, rain poured down   *mat*, may   *maist*, almost

63

The Wives of Fochabers

A' sing a sang, a' ming a mang
A carline an a kid;
The drunken wives of Fochabers
Is a' rinnin wid.

Napoleon At Moscow

Twa Emperors ance had a bit o' a spree,
    I wat na fat was the meanin' o't,
I believe they fell out 'cause they cud na agree,
    Sae it maks na fat was the beginnin' o't.
The tane wis a gen'ral o' mickle renoun,
His name it was Nap, an' he wore the French croun,
He swore he wad eat's geese in Peterburg toun,
    Quo Sandy, 'Ye's ken o' the winnin' o't.'

Nap touted his horn to gather his clan,
    Till his wisan was sair wi' the winnin' o't;
He had four hunner thousan' men unner's comman',
    Sae that was a gey beginnin' o't.
Noo Sandy was eery to see sic a thrang
O' guns, swards, an' halberts, a marchin' alang,
Sae he thocht it was time to be raisin' his gang
    To help him a hitch to the thinnin' o't.

Quo he, 'Neibour Nap, hear the counsel I gie,
    For strife is na mous to be tiggin' wi't;
An' dinna be shakin' your pikestaff at me,
    For fear ye be dung i' the riggin' wi't;
For tho' I'm nae weird at fire weapons ava,
Gin ye will come my gate ye may e'en get a blaw
Wi' some clod o' ice or weel grippit snaw-ba',
    May lay ye a month i' yer biggin' wi't.'

Quo Nappie, 'Ne'er waste yer gweed counsel on me,
    For I'm nae takin' tent to the reason o't,
Nor lightly my pikestaff—behad ye a wee,
    I'll gar your lugs ring wi' the whizzin' o't;

wid, mad
it maks na fat, it does not matter what   *ye's ken o'*, you'll know about
wisan, windpipe   *winnin'*, effort   *eery*, alarmed   *hitch*, little
mous, joke   *tiggin'*, triflin'   *riggin'*, head   *weird*, frightened
gate, way   *biggin'*, house   *tent*, heed   *lightly*, belittle   *behad*, wait

An' think na tae fleg me wi' sic a fraca
About your hard ice an' weel-grippit snaw,
Am I sic a bairn's tae fleg at a ba'?
   I care na a doit for a dizzen o't.'

Noo Nap's set awa' wi' his sward tae the war,
   Like a man wi' a scythe to the mowin' o't;
But they saddl't 'Shank's mere' lang afore he cam' near,
   And hain'd him the fash o' the drawin' o't.
He bravely pursu'd them frae hillock to howe,
Frae tounie to toun, an' frae knappie to knowe,
Till at last he arriv'd at the wa's o' Moscow,
   Sair dung wi' the pechin' an' blawin' o't.

Quo he to his men, 'Ye're baith hungry an' dry,
   But ye're nae vera far frae the slackin' o't,
There's plenty o' brandy, an' biscuit forbye,
   An' ye'll get it a' at the sackin' o't'.
The provost defenit the toun fat he dow—
Fat mair cud he dee?—syne up wi' a cow;
'Gin' I canna' keep it I'se leav't in a low—
   Nae doubt ye'll mak' rich wi' the takin' o't.'

Peer Nappie, half crazy, steed scratchin' his pow,
   Till he near claw'd a hole i' the riggin' o't,
Tae see a' his brandy gae up in a low,
   Fin he made himsel' seer o' the swiggin' o't.
He's half deid wi' hunger, his biscuits awa',
The frost nippit's niz, an' the drift 'gan tae blaw,
An' nae ae biel left to protect him ava',
   Bat a cloister wi' holes i' the riggin' o't.

The roads war like roans, an' the waggons they brak,
   An' the men an' the horse at the fa'in o't,
An' a rout o' wild Cossacks, like cats o' their back,
   Ne'er missin' a claught at the clawin' o't;
An' Kutusoff, tae, the auld sneck-drawin' knave,
Made mony a gentleman fit for his grave;
The sna' fell'd the feck, an' the ice smat the lave,
   He had sic a knack at the ba'in' o't.

---

fleg, frighten   *doit*, farthing   *hain'd him the fash*, saved him the bother
   knappie, small hill   *pechin'*, puffing   *slackin'*, quenching
  fat he dow, as best he could   *cow*, fuel for kindling   *pow*, head
     seer, sure   *biel*, shelter   *roans*, frozen burns
 at the fa'in o't, were collapsing   *claught*, grasp   *sneck-drawin'*, crafty
    feck, majority   *lave*, rest   *ba'in o't*, game

65

Peer Nappie himsel' jist got aff wi' his life,
    An' anither by dint o' the beggin' o't;
Ilka bane o' him sare, an' weel tired o' the strife,
    An' his heart like tae flit wi' the fleggin' o't,—
'I've tint a' my horse, I've tint a' my men,
I've run frae a carle near fourscore an' ten,
Wae worth me, gin I gae to yon toun again,
    Gif I sud gae try the beggin' o't.

'I've ridden my mere till I've ridden her deid,
    An' my hurdies hae tint a' the skinnin' o't;
I've stoitert an' fa'an till I've prann't a' my heid,
    An' peel't a' my feet at the rinnin' o't,
An' syne tae get naething bat trible for pains,
An' be glad tae win aff wi' the skull roun' my brains,
Will scunner me aye at north country campains,
    For the cost o't gaes by the winnin' o't.'

FROM *The Twa Emperors,*
WILLIAM LILLIE

Thrummy Cap in the Cellar

(*Thrummy Cap, so called because of his woollen bonnet, is lost at night in a Mearns snow storm. He and his friend Cowardly John in their desperate search for shelter finally reach Robby Dorat's inn. When the landlord warns them that the place is haunted, John tries to bolt, but Thrummy forces him to stay. The landlord shows them upstairs to their room . . .*)

Our travellers now being left alane,
'Cause that the frost was nippin' keen,
Coost aff their shoon, an' warm't their feet,
An' syne gaed to their bed to sleep;
But cow'rdly John wi' fear was quakin',
He couldna sleep but still lay wakin',
Sae troubled wi' his panic fright.
Whan near the twalt hour o' the night,
That Thrummy waken't, and thus spoke;
Preserve's! quo he, I'm like to choke
Wi' thirst, an' I maun ha'e a drink;
I will gae down the stair I think,

flit, give up	*tint,* lost	*carle,* old man	*wae worth me,* curse me
stoitert, staggered	*prann't,* bruised	*win aff,* escape	*gaes by,* exceeds
	coost aff, took off	*twalt,* twelfth	

An' grapple for the water-pail;
O for a waught o' caller ale!
But Johnny says to him, na, na,
I winna let ye gang awa;
Wow! will ye gang an leave me here
My lane, to die wi' perfect fear?
Rise an' gae wi' me then, quo' Thrummy,
Ye senseless guid-for-naething bummy
I'm only gaun to seek some water,
An' I'll be back just in a clatter.
Na, na, says John, I'll rather ly,
But as I'm likewise something dry,
Gin ye can get a jug or cap,
Fetch up to me a little drap.
Aye, aye, says Thrummy, that I will,
Although you sudna get a gill.
    Sae down he gaes to seek a drink,
An' syne he thinks he sees a blink
O' light, that shone upo' the floor,
Out through the key-hole o' a door,
Whilk was nae fast, but stood a jee;
Whatever's there he thinks he'll see.
He bauldly o'er the threshold ventures,
An' in within the cellar enters;
But reader, judge o' his surprise,
When there he saw, with wond'ring eyes,
A spacious vault, weel fill'd wi' casks
O' reamin' ale, an' some big flasks,
An' strideleg o'er a cask o' ale,
He saw the likeness o' himsell,
Just i' the dress that he coost aff;
A thrummy cap, an' aiken staff,
Gamashes, an' a jockey coat,
An' in its hand the ghaist had got
A big four luggit timmer bicker,
Fill'd to the brim wi' reamin' liquor.
Our hero at the spectre star'd,
But neither daunted was nor fear'd;
He to the ghaist straught up did step,
An' says, dear brother Thrummy Cap,
The warst ye surely dinna drink,
I'll try the same o' yours I think;
Syne taks a jug, pu's out the pail,
An' fills it up o' the same ale

---

waught, big drink   *caller*, fresh   *a jee* open   *reamin'*, foaming
thrummy cap, cap made of odds and ends of weavers' yarn
gamashes, leggings   *luggit*, handled   *timmer bicker*, wooden drinking-cup

Frae under where the spectre sat,
An' up the stair wi' it he gat,
Took a guid drink, gied John anither,
But never tald him o' his brither
That he into the cellar saw,
Mair than he'd naething seen ava.

Right brown and nappy was the beer;
Whare he did get it, John did spier.
Says he, I'm sure ye needna care;
I'll gae an' see to get some mair.
Sae down the stair again he goes
To get a drink, anither dose;
Being positive to hae some mair,
But still he found the ghaist was there.
Now on a butt, behind the door,
Says he, you did nae ill afore,
Dear brither Thrummy, sae I'll try
You anes again, because I'm dry;
Syne fills his jug right out below,
An' up the stair again does go.
John marvell'd sair, but didna spier
Again whare he had got the beer:
For this was stronger than the first:
Sae they baith drank till like to burst,
An' syne composed themsells to rest,
To sleep a while, they judged it best.

An hour in bed they hadna been,
An' scarcely well had clos'd their een,
Whan just into the neighbouring chamer,
They heard a dreadfu' din an' clamour;
Aneath the bed-claise John did cour,
But Thrummy jumpt upo' the floor.
Him by the sark-tail John did haud;
Ly still, quo' he, fat, are ye mad?
Thrummy then turn'd him round about,
An' lent John in the ribs a clout,
Till on the bed he tumbled down,
In little better than a swoon;
While Thrummy, as fast's he could rin,
Gaed aff to see what made the din.

The chamber seem'd to him as light
As if the sun was shining bright;
The ghaist was standing near the door,
In the same dress it had before,
An' o'er anent it, at the wa',
Were ither apparitions twa:

nappy, strong   *chamer*, bedroom   *o'er anent*, opposite

68

These spirits seem'd to kick a ba',
The ghaist against the ither twa;
Whilk close they drove, baith back an' fore,
Atween the chimla an' the door.
Thrummy a while beheld the play;
Syne running up, he thus did say:
'Ane for ane may weel compare,
'But twa for ane is rather sair;
'The play's nae equal, sae I vow,
'Dear brither Thrummy, I'll help you.'
Syne wi' his foot he kick'd the ba',
Gard her play stot against the wa';
Quick then, as light'ning frae the sky,
The spectres gae a horrid cry,
An' vanish'd wi' a clap o' thunner,
While Thrummy at the same did wonner.

FROM *Thrummy Cap*
JOHN BURNESS

Arnha' Meets the Kelpie

(*John of Arnha' is rolling home drunk from Montrose one night.
His route is an eerie one, taking him near the Kelpie-haunted dens
of the North Esk. By the old Kirk of Logie he meets and rashly
offends an old woman who turns out to be a witch. The hag curses
him furiously . . .*)

Thrice wi' her teethless chafts she mumpit,
While nose and chin on ither thumpit:
Thrice she wav'd her skinny hand,
And thrice invok'd the infernal band;
Thrice backwards round about she totter'd,
While to hersel' this leed she mutter'd.
    'Frae the east—frae the wast,
Thunner roar, lightnin' blast;
Frae the south—frae the north,
Pour wind and water forth:
Will-o'-wisps! wirriekows!
Warlocks wi' your lyart pows,
At three quarters after ten,
Hover round auld Martin's Den.

chimla, chimney   gard her play stot, made her bounce
chafts, jaws   mumpit, chewed   leed, chant   wirriekows, goblins
lyart, pows, grizzled heads

69

Elspet, Mauzie, ho! ye hags,
Stride-legs o'er your broom-stick nags!
When the night grows rough and mirk,
Canter round auld Logie Kirk.
When ye hear the Kelpie howl,
Hie ye to the Ponage-pool;
There you'll see the Deil himsel'
Leadin' on the hounds o' Hell.
Over mountain, muir, and dale,
Ghaists and spectres, wan and pale—
Riding on the roarin' storm,
Dance in dread array before 'm;
The shadows rise! quick! and quicker!!
The tempest brews! thick! and thicker!!
Now its time for me to bicker,
For oh! the charm is firm and sicker.'
  Wi' that her joints began to swacken,
Awa' she scoured like ony maukin:
Owr dykes and ditches swift she friskit,
Throw bogs and mires she lap an whiskit:
Sae featly did she wing her flight,
In a twinklin' she was out o' sight.
  Wi' open mou', John stood an' gaz'd,
At once confounded and amaz'd;
His hair on end stack up like bristles,
Or like the beards o' burry thristles;
An' ay as on the road he stoitit
His knees on ane anither knoitit.
The thunner rair'd wi' furious thuds,
An' blatter'd throw the lowrin' cluds,
Still clear an' clearer ilka flash,
Yet near an' nearer ilka crash;
The lightnin', thunder, wind, and rain,
Flash'd an' roar'd, and dash'd amain;
An' O how black the troubelt air,
In' absence of the lightnin's glare.
  John crap alang. Towards the right
He thought he spied a cottage light,
An' steer'd his course in that direction,
Aneath its roof to seek protection;
But weary fa' the faithless light,
It quickly vanish'd frae his sight,
An' left him in an eerie swither,
Glampin' round, he kendna whither.

---

kelpie, water demon   *Ponage-pool,* Ferry pool   *sicker,* sure   *swacken,* quiver
  scoured, scampered   *maukin,* hare   *featly,* nimbly   *burry,* prickly
stoitit, staggered   *knoitit,* knocked   *weary fa',* curse   *glampin',* groping

70

Again the fleeting taper glanc'd,
Again towards it John advanc'd;
It flar'd and flicker'd i' the wind,
Sometimes before, sometimes behind;
From right to left—from left to right—
It scatter'd a bewildrin' light,
And in a wink the glimrin' ray
Flash'd on his sight, then died away;
Aye! Willy-an'-the Wisp was there
Shedding forth his nightly glare,
An' rousin' keen his fatal fire,
To wyle him to the weary mire.

John row'd owr dykes, and lair'd in ditches,
Mutterin' malisons on witches;
Neist owr the plain, and down a hill,
He heard the clackin' of a mill:
Again the spunkie's wav'rin' light
Discovert to his wildert sight,
In boiling wrath, the North-esk stream
Thuddin' onward, white wi' feam.
He heard a voice, wi' muckle dool,
Croonin' i' the Ponage-pool;
An' this it said, or seemed to say,
'Ah, willawins! alack for aye!
O sair's my back, an' sair my banes,
Leadin' the Laird o' Marphie's stanes;
The Laird o' Marphie canna thrive
As lang's the Kelpie is alive.'
The thunder growl'd in lower tone,
As if to let the voice get on.

'God help ye! be ye friend or fae,'
Quo' John, 'it's wrang to use ye sae;
To me your griefs ye needna tell,
For, waes my heart, I'm waur mysel.'
When, by the lightning's glare, he saw
A sight surpassing nature's law.
A stalwart monster, huge in size,
Did streight frae out the river rise;
Behind a dragons tail he wore,
Twa bullock's horns stack out before;
His legs were horn, wi' joints o' steel,
His body like the crocodile.

<table>
<tr><td></td><td>weary, dangerous</td><td>row'd, rolled</td></tr>
<tr><td>lair'd, tumbled</td><td>malisons, curses</td><td>spunkie, will o' the wisp</td></tr>
<tr><td>wildert, bewildered</td><td>feam, foam</td><td>willawins, a cry of grief</td></tr>
</table>

On smellin' John, he gae a scoil,
Then plung'd and gar'd the water boil:
Anon he stood upo' the shore,
And did for vengeance loudly roar.

FROM *John o' Arnha'*
GEORGE BEATTIE

The Kelpie's Curse

Sair back and sair banes
Drivin' the Laird o' Morphie's stanes.
The Laird o' Morphie'll never thrive
As lang as the kelpie is alive.

Gight

I

When the heron leaves the tree,
The laird o' Gight will landless be.

II

At Gight three men a violent death shall dee
And after that the land shall lie in lea.

III

Twa men sat doun on Ythan brae,
The ane did to the ither say
'An what sic men may the Gordons o' Gight
Hae been?'

Miss Gordon o' Gight

O, whare are ye gaun, bonnie Miss Gordon,
    O, whare are ye gaun sae bonnie and braw?
Ye're gaun wi' Johnny Byron
    To squander the lands o' Gight awa.

Your Johnny's a man frae England jist come,
    The Scots dinna like his extraction ava,
But tak' ye gude tent, for he'll spen' a' your rent,
    And fast draw the lands o' Gight awa.

scoil, squeal
in lea, fallow

72

The shootin' o' guns and the rattlin' o' drums,
The bugle in the woods and the pipes in the ha'.
The beagles a-howling, the hounds a-growling,
These sounds will soon gar a' Gight gang awa.

So, We'll Go No More A' Roving

I

So, we'll go no more a'roving
So late into the night,
Though the heart be still as loving,
And the moon be still as bright.

II

For the sword outwears its sheath,
And the soul wears out the breast,
And the heart must pause to breathe,
And love itself have rest.

III

Though the night was made for loving,
And the day returns too soon,
Yet we'll go no more a'roving
By the light of the moon.

GEORGE GORDON, LORD BYRON

The Jolly Beggar

There wis a jolly beggar man, and he wis dressed in green,
And he wis seekin' lodgins in a hoose in Aiberdeen.

And I'll gang nae mair a'rovin',
A-rovin' in the nicht.
I'll gang nae mair a'rovin',
Though the moon shine ne'er sae bricht.

This beggar widna lie in barn nor yet wid he in byre,
Bit he wid lie in tae the ha' or by the kitchen fire.

This beggar he has made his bed wi' guid clean strae an' hay,
An' in ahint the kitchen fire the jolly beggar lay.

Up rase the guidman's dochter, tae bar the kitchen door,
An' there she spied the beggar man, stannin' nakit on the floor.

He's ta'en the lassie in his airms an' tae the bed he ran:
'Oh hooly, hooly wi' me, sir; ye'll waken oor guidman.'

The beggar was a cunnin' loon an' ne'er a word he spak
Until he'd got his jobbie done, then he began tae crack.

'Hae ye ony dogs in till the hoose, or ony cats ava?
For I'm feart they'll rive ma mealie pokes afore I gang awa'.'

The lassie's ta'en his mealie pokes an' thrown them ower the wa'—
'The deil gang wi' yer mealie pokes—ma maidenhead's awa'!'

He's pulled a horn frae aff his side and blawn baith loud an' shrill,
An' five an' twenty belted knichts cam' ridin' ower the hill.

He's ta'en a pen knife frae his pooch, let a's auld duddies fa',
An' he wis the brawest belted knicht that wis amang them a'.

'If ye hid been a decent lass, as I thocht ye tae be,
I'd hae made ye the queen ower a' this hale country.'

Jean Findlater's Loun

The winter was lang, an' the seed time was late,
An' the cauld month o' March sealed Tam Findlater's fate;
He dwined like a snaw wreath till sometime in June,
Then left Jean a widow, wi' ae raggit loun.
Jean scrapit a livin' wi' weavin' at shanks—
Jock got into scrapes—he was aye playin' pranks:
Frae the Dee to the Don he was feared roun' the toun,
A reckless young scamp was Jean Findlater's loun.

Jock grew like a saugh on a saft boggy brae—
He disliket the school, an' cared mair for his play;
Ony mischief that happened, abroad or at hame,
Whaever was guilty, Jock aye got the blame.

hooly, softly   *crack*, chat   *rive*, burst
mealie poke, the wallet in which a beggar carried his meal
duddies, clothes
dwined, faded   *shanks*, stocking legs   *saugh*, willow

Gin a lantern or lozen was crackit or broke,
Nae ane i' the toun got the wite o't but Jock;
If a dog was to hang, or a kitlin to droon,
They wad cry, gie the job to Jean Findlater's loun.

He rappit the knockers—he rang a' the bells—
Sent dogs down the causeway wi' pans at their tails:
The dykes o' the gardens an' orchards he scaled—
The apples an' berries, an' cherries he stealed.
Gin a claise rope was cuttit, or pole ta'en awa',
The neighbours declared it was Jock did it a';
Wi' his thum' at his nose, street or lane he ran doun—
A rigwoodie deil was Jean Findlater's loun.

He pelted the peatmen e'en wi' their ain peats—
Pu'd hair frae their horse tails, then laughed at their threats;
An' on Christmas nicht, frae the Shiprow to Shore,
He claikit wi' sowens ilka shutter and door.
We hae chairs in our College for law and theology;
If ane had been vacant for trick or prankology,
Without a dissent ye micht hae votit the goun
To sic an adept as Jean Findlater's loun.

On the forenoons o' Friday he aften was seen
Coupin' country fouk's carts upside doun i' the Green;
An' where masons were workin', without ony fear,
He shoudit wi' scaffoldin' planks owre their meer.
To herrie birds' nests he wad travel for miles;
Ding owre dykes an' hedges, an' brack doun the stiles,
Swing on gentlemen's yetts, or their palin's pu' doun;
Tricks and mischief were meat to Jean Findlater's loun.

He vext Betty Osley, wha threat'ned the law—
Ritchie Marchant wad chase him an' had him in awe;
Frae the Hardgate to Fittie he aye was in scrapes,
An' a'body wondered how Jock made escapes.
Jean said he was royet, *that* she man aloo,
But he wad grow wiser the aulder he grew;
She aye took his part against a'body roun',
For she kent that her Jock was a kind-hearted loun.

At seventeen Jock was a stout, strappin' chiel,
He had left aff his pranks, an' was now doin' weel;
In his face there was health, in his arm there was pith
An' he learnt to be baith a farrier an' smith.

---

lozen, pane of glass   *wite,* blame   *kitlin,* kitten   *rigwoodie,* untamed
claikit wi' sowens, smeared with paste   *shoudit,* see-sawed   *meer,* mason's trestle
herrie, rob   *was royet,* had a wild streak   *man aloo,* had to admit

His character, noo, was unstained wi' a blot,
His early delinquencies a' were forgot,
Till the weel-keepit birthday of Geordie cam' roun',
Which markit the fate o' Jean Findlater's loun.

The fire-warks were owre, and the bonfire brunt doun,
An' the crowd to Meg Dickie's gaed seekin' mair fun;
They attackit the White Ship, in rear an' in front—
Took tables an' chairs, whilk they broke an they brunt.
Jock couldna resist it—he brunt an' he broke—
Some sax were made prisoners—among them was Jock;
Ten days in the jail, an' his miseries to croun,
Bread an' water was fare for Jean Findlater's loun.

Jock entered the Life Guards—bade Scotland adieu,
Fought bravely for laurels at famed Waterloo;
An' his conduct was such, that ere five years had past,
He was made by Lord H—, master farrier at last.
Jean's rent was aye paid an' she still was alive
To see her brave son in the year twenty-five;
An' nane wad hae kent that the whiskered dragoon
Was the same tricky nickem—Jean Findlater's loun.

WILLIAM ANDERSON

Farms

Frae Faandhu to Tamgleddie
Frae Paddockpool to Allalogie
There never dwalt an honest bodie.

Lummie at Home

*(The poet solemnly announces the story of the downfall of 'Lummie',
the farmer of Lumgair, as a dire warning to all drunkards,
Sabbath-breakers and swearers. He starts by describing the
conditions on Lummie's farm and in his household . . .)*

To judge his dwallin' by the shape—
Some hurriet chield had seized a graip—
Flung divots, clay, stanes, thack, and rape,
                    In heaps thegither,
And made a shelter to escape
                    Frae stress o' weather.

nickem, rascal
graip, fork   *thack*, thatch

The gavel-ends were thrawn and sklentit,
The sides were bulged, the roof indentit;
Ye could hae sworn, if placed anent it,
    The auld clay wa'
Had thrice wi' sudden jerk repentit
    When bent to fa'.

A hole to let the reek gang out
Was fittit wi' a timmer spout;
But when the thick peat-reek grew stout
    It filled the bore,
Syne thro' the house it took the route,
    And socht the door.

The floor o' clay was never sweepit;
Black draps frae sooty kebars dreepit;
Whare hens in rows their places keepit,
    Wi' cocks to guard them;
When frae the thack a ratton creepit
    Loud cacklin' scared him.

For ilka hen there was a cock,
And ane was king o' a' the flock;
He answered to the name o' 'Jock'—
    A strong game bird;
He would hae torn the e'en frae folk
    At Lummie's word.

Thro' a' the house the poultry trippit;
In ilka dish their heads they dippit
And ilka crumb that fell was nippit
    Ere it could licht;
Whiles on the tables whare folk suppit
    The cocks would fecht.

A sad gudewife sat i' the neuk,
And muckle wrang she had to brook;
When Lummie gied a glower she shook,
    And leukit douce
Afore a limmer ca'd the cuik,
    That ruled the house.

thrawn, crooked   *sklentit,* squint
anent, in front of   *reek,* smoke   *kebars,* rafters   *ratton,* rat
neuk, corner by the fire   *douce,* cowed   *limmer,* hussy

She was a muckle, heesin' soo,
Wi' flabby cheeks and sulky broo;
A snuffy nose hang owre her mou',
      Set on asklent;
Her thick, short neck o' greasy hue,
      Was sidelins bent.

But Lummie lo'ed the towzie quean,
And scandal spread that wouldna screen;
His ain kind wife, wha lang had seen
      Her troubles comin',
Got usage sic as ne'er was gi'en
      To decent woman.

When autumn winds made branches bare,
She hurried frae the guilty pair,
And socht a hame whare her despair
      By few was seen;
When spring returned she wasna there—
      Her grave was green.

To Lummie's door the parson rade,
And knockit like a man weel-bred;
The cuik appeared, took guilt, and fled,
      But Lummie sat,
Dumb glowrin', while the parson said—
      'What woman's that?'

To hear that question thrice repeatit,
Wi' five grim words gart Lummie meet it;
The parson, terrifiet, retreatit
      Wi' hands upliftit;
But Lummie, by the fireside seatit,
      His place ne'er shiftit.

FROM *Lummie*,
ALEXANDER TAYLOR

Weather Rhyme

Fin the mist comes fae the sea,
Dry weather it will be;
Fin the mist comes fae the hill
Ye'll get watter tae yer mill.

heesin', bloated   *asklent*, slant   *towzie*, sluttish   *quean*, woman
sic, such

The Feugh in Flood

*(During the Moray Floods of 1829 the rivers and burns of the
Northeast rose to unprecedented levels and caused severe damage
and loss of live-stock. These extracts from 'The Muckle Spate of
Twenty-Nine' describe incidents in the flooding of the Birse and
Strachan districts, near Banchory.)*

At Ennochie a cluckin' hen
   Wis sittin' in a kist
Baith it an' her were sweelt awa'
   Afore the creatur' wist;
We saw her passin' near Heugh-head
   As canty as ye like,
Afore her ark a droonit stirk,
   Ahint a droonit tyke,
An' ran anent her doon the banks
   For half-a-mile or mair,
Observin' that, at ilka jolt,
   She lookit unca scare,
As gin she said within hersel'—
   'Faur ever am I gyaun?
I never saw the like o' this
   In Birse nor yet in Stra'an.
Faur ever am I gyaun, bairns?
   Nae canny gait, I doot;
Gin I cud but get near the side,
   I think I wad flee oot.'
We left her near the Burn o' Frusk,
   An' speculatit lang
Gin she were carri't to the sea
   Afore her ark gaed wrang,
An' may be spairt by Davie Jones
   To bring her cleckin' oot,
Gin she wad rear them like a hen
   Or like a water coot?

A cadger body, Johnny Joss,
   Nae far fae Bogendreep,
Lost shawltie, cairtie, creels an' a'
   At ae unlucky sweep.
The shawlt wis droonit at the sta',
   The cairt washt fae the shed,

---

kist, box   *sweelt*, swirled   *canty*, cheerful   *stirk*, bullock
tyke, dog   *anent*, beside   *unca scare*, very frightened   *gyaun*, going
canny gait, safe journey   *cleckin'*, brood   *cadger*, pedlar
shawltie, pony   *cairtie*, little cart   *sta'*, stall

An' Johnny made a nar' escape
    Fae droonin' in his bed;
But aifter a' the splore wis owre,
    The body, far fae blate,
Contrived to turn to gweed account
    The losses by the spate.
He got a beggin' paper drawn
    By some buik-learnt chiel,
An' beggit Banchory, Birse, an' Stra'an
    An' bits o' Dores as weel;
An' took a soud o' siller up,
    An' when his pouch wis foo,
Crap slyly o'er the Cairn o' Month
    Wi' very sma' ado,
An' took a tackie i' the Mearns,
    An' got a braw gudewife,
An' lived a much respectit man
    The remnant o' his life.
He wadna win in twenty years
    By sellin' stinkin' skate
The half o' fat he got in lieu
    O' losses by the spate.

Fae Caulmeer Davie Durrit ran
    The skeely wife to ca',
But ere he got to Bowsie's Haughs,
    The water cover't a'.
He got a horse at Templeton,
    An' boldly ventured o'er;
He cross't the brig, he pass'd the kirk,
    He lan't at Lerachmore;
The skeely wife lap fae her bed,
    An' buskit in a glint.
Douce Davie took his seat afore,
    The skeely wife ahint,
An' Davie got her doon the brae,
    Wi' neither jolt nor jirk,
An' cantily they pass'd the manse
    An' cantily the kirk;
But when they turn't the merchant's shop,
    For a' his canty cawin',
'I wadna gyang across,' cried she,
    'For a' the wives o' Stra'an!

splore, fuss   *blate*, bashful   *buik-learnt*, educated   *soud*, a large sum
iller, silver   *took a tackie*, leased a farm   *skeely wife*, midwife   (*skeely*, skilful)
lan't, arrived   *buskit*, dressed   *glint*, flash
douce, quiet   *cawin'*, progress

Preserve's! the water's ower the brig,
    An' oot at baith the en's;
Turn back the beast, else I'll loup doon,
    Though I sud brak my banes!'
The ne'er a word douce Davie spak',
    But gae his beast a lick,
An' doon the road, an' owre the brig,
    He plash'd through thin an' thick.
The skeely wife she pray't an' bann't,
    An' grat for fear an' spite;
But ne'er a word douce Davie spak',
    For a' that she could flyte.
Wi' stick an' heel, owre stream an' peel,
    He rade wi' micht an' main,
But to his pairtner's angry words
    He answerin' word gae nane;
Till baith were safe afore his door,
    Then lichtly he lap doon,
'Get aff the beast, gyang in,' cries he,
    'An' try an' gie's a loon.
Gyang in at ance, an' ben the hoose,
    It's eeseless noo to fryne;
Sae tak' a dram an' dae yer wark,
    For I'm seer I've deen mine.'
Afore an hoor a loon was born,
    I min' the little'n weel,
A gyangrel at his mither's fit,
    When we were at the skweel.
An' aye the howdie eest to brag,
    Through a' her aifter life,
Hoo bravely she rade through the spate
    To Davie Durrit's wife.

Aul' Willie Wilson lost his coo,
    An' never got anither,
He left her near the waterside
    A' nicht upo' the tether.
She brak' the tether in a fleg,
    An' clam upon a heugh,
But mist a fit, or took a dwam,
    An' tum'lt i' the Feugh,
She sank into the muckle pot,
    Aneth the kelpie's stane,

bann't, cursed   *flyte*, scold   *peel*, pool   *loon*, boy
ben the hoose, through to the parlour   *fryne*, frown   *seer*, sure
gyangrel, toddler   *howdie*, midwife   *eest*, used   *fleg*, **fright**
clam upon a heugh, climbed up a crag   *dwam*, swoon
pot, pool   *kelpie*, water demon

An' afterwards wis swirl't awa',—
   He lost her skin an' bane.

Peer breet, the dog o' Gellan gaed
   Wi' Tam to Brig o' Feugh,
He spies a stick come soomin' doon,
   Ae word fae Tam's aneuch,
An' in springs Watch to fetch the stick,
   An' tulzies lang an' sair,
But in a swirl he sinks at last,
   We saw him never mair.

FROM *The Muckle Spate of Twenty-Nine*,
DAVID GRANT

The Auld Man's Prayer

Lord, I'm an auld man,
   An' I'm deein!
An' do what I can
   I canna help bein
Some feart at the thoucht!
I'm no what I oucht!
An' thou art sae gran',
Me but an auld man!

It's a pity a body
   Couldna haud on here,
Puttin cloddy to cloddy
   Till he had a bit lan' here!—
But eh I'm forgettin
Whaur the tide's settin!
It'll pusion my prayer
Till it's no worth a hair!

GEORGE MACDONALD

This Side an' That

The rich man sat in his father's seat—
   Purple an' linen, an' a'thing fine!
The puir man lay at his yett i' the street—
   Sairs an' tatters, an' weary pine!

tulzies, struggles
some feart, rather frightened   *cloddy*, turf, peat   *pusion*, poison
weary pine, distressing pain

82

To the rich man's table ilk dainty comes,
 Mony a morsel gaed frae't, or fell;
The puir man fain wud hae dined on the crumbs,
 But whether he got them I canna tell.

Servants prood, saft-fittit, an' stoot,
 Stan by the rich man's curtained doors;
Maisterless dogs 'at rin aboot
 Cam to the puir man an' lickit his sores.

The rich man deeit, an' they buried him gran',
 In linen fine his body they wrap;
But the angels tuik up the beggar man,
 An' layit him doun in Abraham's lap.

The guid upo' this side, the ill upo' that—
 Sic was the rich man's waesome fa'!
But his brithers they eat, an' they drink, an' they chat.
 An' carena a strae for their Father's ha'!

The trowth's the trowth, think what ye will;
 An' some they kenna what they wad be at;
But the beggar man thoucht he did no that ill,
 Wi' the dogs o' this side, the angels o' that!

GEORGE MACDONALD

Martin Elginbrodde

Here lie I, Martin Elginbrodde
Ha'e mercy o' my soul Lord God,
As I wad do, were I Lord God
And ye were Martin Elginbrodde.

Recorded in David Elginbrod,
a novel by George Macdonald

The Kirk o' Rivven

The road tae the Kirk o' Rivven,
Far gangs mair dead nor livin.

kenna, do not know   *no that ill*, not too badly

She Noddit at Me

I'm but an auld body,
    Living up on Deeside,
In a twa-roomed bit hoosie
    Wi' a too-fa' beside;
Wi' my coo and my grumphy
    I'm as happy's a bee,
But I'm far prooder noo
    Since She noddit to me.

My son sleeps in Egypt—
    It's nae eese to freit—
And yet, when I think o't,
    I'm sair like to greet;
She may feel for my sorrow—
    She's a mither, ye see—
An' maybe She kent o't
    When She noddit to me.

ANON

Shon Campbell

Shon Campbell went to College,
Because he wanted to;
He left the croft in Gairloch
To dive in Bain and Drew:
Shon Campbell died at College
When the spring skies were blue.

Shon Campbell went to College,
The pulpit was his aim:
By day and night he 'ground', for he
Was Heilan', dour, and game;
The session was a hard one,
Shon flickered like a flame.

Shon Campbell went to College,
And gave the ghost up there,
Attempting six men's 'cramming',
On poor and scanty fare;
Three days the Tertians mourned him,
'Twas all that they could spare.

too-fa', lean-to shed   *grumphy*, pig   *freit*, grieve
Bain and Drew, traditional university text books
Tertians, third-year students at Aberdeen University

Shon Campbell sleeps in Gairloch,
Unhooded and ungowned,
The green quadrangle of the hills
Watching his sleep profound,
And the *gaudeamus* of the burns
Making a homely sound.

But when the last great Roll is called,
And *adsums* thunder loud,
And when the quad is cumbered
With an eager, jostling crowd,
The Principal Who rules us all
Will say, 'Shon Campbell, come,
Your *Alma Mater* hails you
Magister Artium.'

W. A. MACKENZIE

Alan MacLean

I was born in Cullen,
  A minister's son,
Brocht up wi' gweed learnin'
  Till my school-days were done.

I went to the College
  A student to be,
But the marriage at Westfield
  Has quite ruined me.

There was Grant and Mackenzie,
  Macdonald and I,
And we went to the weddin'
  Pretty girls for to spy.

We danced and we sang
  And we took great delight,
And bonnie Sally Allan
  Cam oft in my sight.

'O Sally, dear Sally,
  Will you take a dram?'
'O yes, my dear Alan,
  If it comes from your hand.'

I gied her a dance
  And I gied her a dram,
And I asked her quite kindly
  If she'd go to the broom.

She disliked my offer
  But gave the least froon.
Says she, 'My dear Alan,
  Had it been my doom.'

So we went to the broom
  In the middle o' the night;
We had neither coal nor candle
  But the moon gave us light.

But her father next morning
  To the College he came;
He was all in a passion
  At Alan MacLean.

'If it's true,' says the Regent,
  'As I fear it's no lie,
This day from Aulton College
  Young Alan must fly.

'Tomorrow's the graduation
  And Tuesday's the Ball,
But we'll banish young Alan
  From the Aulton College Hall.'

My father's a minister,
  He preaches at Tain.
My mother died in the Hielands
  And I daurna gae hame.

It's I intended a minister
  But that winna do;
It's now for a doctor
  That I maun pursue.

Prince Charles the Royal
  Lies out in the bay,
Takin' on goods and passengers
  And she'll surely take me.

Fare ye weel, Aulton College,
  Likewise Aberdeen.
Fare ye weel, Sally Allan,
  Who lives by yon green.

86

If ever I return again,
　　As I hope that I shall,
We will have a merry bottle
　　Near the Aulton College Hall.

Ay, if ever I return again,
　　As I hope that I shall,
I will marry Sally Allan
　　In spite o' them all.

The Bonnie Ship the Diamond

The *Diamond* is a ship, brave boys,
　　For Davis Straits she's bound,
And the quay it is all garnished
　　With pretty girls around.
Captain Gibbons gives command
　　To sail the oceans high,
Where the sun it never sets, brave boys,
　　Nor darkness dims the sky.

　　So be cheerful, my lads,
　　　　Let your courage never fail,
　　While the bonnie ship the Diamond
　　　　Goes a-fishing for the whale.

Along the quay at Aberdeen
　　The girlies they do stand,
With their mantles all around them,
　　And the salt tears running down.
Don't weep my pretty, fair maids,
　　Though you be left behind;
For the rose will grow on Greenland's ice
　　Before we change our mind.

　　So be cheerful, etc.

Oh, joyful will be the days
　　When our Greenland lads come home;
For they are men of honour,
　　Of bravery and renown.
They wear the trousers of the white,
　　The jacket of the blue;
And when they come to Aberdeen
　　They'll get sweethearts enew.

　　So be cheerful, etc.

enew, enough

87

Oh, jovial will be the days
   When our Greenland lads come home;
For they are men of honour,
   Belonging to the town.
They'll make the cradles for to rock,
   The blankets for to wear;
And the girlies into Aberdeen
   Sing, 'Hushie-ba, my dear.'

      So be cheerful, etc.

Here's a health unto the Hercules,
   Another to the Jane,
Here's a health unto the Bon-Accord,
   The *Diamond* by her lane;
Here's a health unto the Bon-Accord,
   The *Diamond* and her crew;
Here's a health unto each bonnie lass
   That's got a heart so true.

      So be cheerful, my lads,
         Let your courage never fail,
      While the bonnie ship the *Diamond*
         Goes a-fishing for the whale.

Weather Rhyme

When Tap o' Noth puts on her cap,
The Rhynie folks will get a drap.

Rhynie

At Rhynie I sheared my first hairst,
Near tae the fit o' Bennachie.
My maister was richt ill tae sit,
But laith was I tae lose my fee.

         Linten addie toorin addie,
         Linten addie toorin ee.

            by her lane, on her own
hairst, harvest   *ill tae sit*, hard to please   *laith*, unwilling

88

Rhynie's wark is ill tae wark
An' Rhynie's wages are but sma'
An' Rhynie's laws are double strict
An' that does grieve me warst ava'.

Rhynie, it's a cauld clay hole,
It's far frae like my faither's toon,
An' Rhynie it's a hungry place,
It doesna suit a lowland loon.

But sair I've wrocht an' sair I've focht
An' I hae won my penny fee
An' I'll gang back the gait I cam
An' a better bairnie I will be.

Pitgair

O Charlie, O Charlie, come owre fae Pitgair,
   And I'll gi'e ye oot yer orders,
For I maun awa' to the high Hielan' hills,
   For a while to leave the bonnie Buchan borders.

O Charlie, O Charlie, tak' notice what I say,
   And pit every man to his station,
For I'm gaun awa' to the high Hielan' hills
   For to view a' the pairts o' the nation.

To the lowsin' ye'll pit Shaw, ye'll pit Sandison to ca',
   To the colin' ye'll pit aul' Andrew Kindness,
Ye'll gar auld Collyhill aye feed the threshin'-mill,
   And ye'll see that he dee't wi' great fineness.

To the gaitherin' o' the hay ye'll pit little Isie Gray,
   And wi' her ye'll pit her young cousin Peggy,
And in aneth the ban's it's there ye'll pit your han's
   And ye'll see that they dee't a' richt tidy.

And for you, Willie Burr, ye'll cairry on the stir,
   And ye'll keep a' the lasses a-hyowin',
And ye'll tak' care o' Jock, or he'll play you a trick
   And set a' your merry maids a-mowin'.

gait, way
lowsin', loosening the bands of corn sheaves for the threshing mill
ca', keep it going   *colin'*, arranging the cut hay or corn in cocks
ban's, bands that bind sheaves   *cairry on the stir*, keep everyone busy
a-hyowin', howing   *a-mowin'*, clowning

And for you, Annie Scott, ye'll pit on the muckle pot
  And you'll mak' to them pottage in plenty,
For yon hungry brosers that's comin' fae Pitgair,
  They're keepit aye sae bare and sae scanty.

O Charlie, O Charlie, sae early's ye'll rise
  And see a' my merry men a-yokin',
And you, Missy Pope, ye'll sit in the parlour nook,
  And keep a' my merry men fae smokin'.

Drumdelgie

There's a fairmer up in Cairnie,
Wha's kent baith faur and wide,
Tae be the great Drumdelgie
Upon sweet Deveronside.
The fairmer o' yon muckle toon
He is baith hard and sair,
And the cauldest day that ever blaws,
His servants get their share.

At five o'clock we quickly rise
An' hurry doon the stair;
It's there to corn our horses,
Likewise to straik their hair.
Syne, after working half-an-hour,
Each to the kitchen goes,
It's there to get our breakfast,
Which generally is brose.

We've scarcely got our brose weel supt,
And gi'en our pints a tie,
When the foreman cries, 'Hallo my lads!
The hour is drawing nigh.'
At sax o'clock the mull's put on,
To gie us a' strait wark;
It tak's four o' us to mak' to her.
Till ye could wring our sark.

brosers, labourers   a-yokin', starting work
toon, farm   corn, feed   straik, comb   pints, bootlaces
mull, threshing mill   strait, hard
mak' to, bundle up the straw from the threshing mill

And when the water is put aff,
We hurry doon the stair,
To get some quarters through the fan
Till daylicht does appear.
When daylicht does begin to peep,
And the sky begins to clear,
The foreman cries out, 'My lads!
Ye'll stay nae langer here!'

'There's sax o' you'll gae to the ploo,
And twa will drive the neeps,
And the owsen they'll be after you
Wi' strae raips roun' their queets.'
But when that we were gyaun furth,
And turnin' out to yoke,
The snaw dank on sae thick and fast
That we were like to choke.

The frost had been sae very hard,
The ploo she wadna go;
And sae our cairting days commenced
Amang the frost and snaw.
But we will sing our horses' praise,
Though they be young an' sma',
They far outshine the Broadland's anes
That gang sae full and braw.

Ye daurna swear aboot the toon
It is against the law,
An' ye use profanities
Then ye'll be putten awa'.
O, Drumdelgie keeps a Sunday School
He says it is but richt
Tae preach unto the ignorant
An' send them Gospel licht.

The term time is comin' on
An' we will get our brass
An' we'll gae doon tae Huntly toon
An' get a partin' glass
We'll gae doon tae Huntly toon
An' get upon the spree
An' the fun it will commence
The quinies for tae see.

---

quarter, eight bushels of grain   *owsen*, oxen   *queets*, ankles
yoke, start work   *dank*, drove   *putten awa'*, fired
term time, end of the period for which they had been hired   *quinies*, lassies

91

Sae fare ye weel, Drumdelgie,
For I maun gang awa;
Sae fare ye weel Drumdelgie,
Your weety weather an' a',
Sae fareweel, Drumdelgie,
I bid ye a' adieu;
I leave ye as I got ye—
A maist unceevil crew.

Reid of Newmill, Kildrummy

Here lies the great Newmill,
Wha liket aye the ither gill;
Aye ready wi' his aith an' curse,
But never cared to draw his purse.

John Bruce o' the Forenit

Ae Martmas term I gaed to the fair,
  To view the sweet lassies and sniff the fresh air,
And fee'd wi' a mannie to ca' his third pair,
  And his name's Johnnie Bruce o' the Forenit.

Fin I gaed hame tae this man John Bruce,
  He lived o'er at Skene in a blue sklaitet hoose,
A guid hertit mannie but he lookit some cross,
  Fin I gaed hame tae the Forenit.

The first Sunday morning were tempered at ease,
  Fin oot cam' auld Johnnie wi' a flagon o' grease,
Tae rub oor horse legs fra the queets tae the knees,
  They're a' cripple nags at the Forenit.

The heat o' the horse syne melted the grease,
  An oot there cam' a swarm o' fleas,
Says we tae oorsels it's the Plague o' the Fleas
  Sent doon on the lads at the Forenit.

Here's tae oor Gaffer, a cannie auld man,
  He'll neither swear at ye, curse nor damn,
There's nae aneuch o' the deevil in him
  For auld Johnnie Bruce o' the Forenit.

weety, rainy
Martmas, Martinmas, 11 November   *sklaitet*, slated
  some cross, rather annoyed   *queets*, ankles

Here's tae oor foreman, he comes frae Balquine,
  His name is McGilvry, he wrocht on the line,
He meats his horse weel, bit he hauds on the twine,
  For the wark's aye ahin' at the Forenit.

Here's tae oor second lad, a sturdy young chiel,
  He sticks tae his wark and it sets him richt weel,
But he wisna lang hame fin he seen seemed to yield
  Tae auld Johnnie Bruce o' the Forenit.

Here's tae oor third's man tae rant and tae reel
  Some half o' a poet, some half o' a feel,
But the lasses are roon him they like him sae weel
  That he'll seen hae tae gang frae the Forenit.

Here's tae oor baillie, he comes frae Kinnaird,
  A little wee mannie and scant o' a beard,
For coortin the lasses he aye seems prepared
  And sortin his stots at the Forenit.

The loon he wis feed tae advance and retire
  Atween the neep park an the auld coo byre,
But he wisna lang hame fin he seen seemed to tire
  Wi' auld Johnnie Bruce o' the Forenit.

Here's tae oor dochter, the Rose o' the Lane,
  She plays the piano, and whyles wi' the men,
She gaes thro' the close rinnin tae be keepit again
  By the rovin' young lads o' the Forenit.

On Sunday tae the kirk she wears a fite veil,
  And a yaird o' her goon ahin her does trail,
An her hair tied up like my horse tail,
  Tae charm the lads at the Forenit.

The weather bein' bad, and the hairst bein late,
  Ae fine Sunday mornin' a ruckie we led,
The rest o' the day we gid tae oor bed,
  An prayed for oor sins at the Forenit.

The hairst bein' deen and the weather bein bad,
  We wis a' turned oot wi' a pick and a spad,
He tore aff his jacket, the auld nickum gaed mad,
  Hurrah for John Bruce o' the Forenit.

meats, feeds   *hauds on the twine,* keeps them working hard   *sets,* suits   *feel,* fool
baillie, lad in charge of cows   *stots,* young bulls   *oor dochter,* the farmer's daughter
     whyles, sometimes   *close,* farmyard   *fite,* white
a ruckie we led, we carted in and stocked a rick in the yard   *nickum,* rascal

The Tarves Rant

Come all ye jolly hireman lads,
    And listen unto me;
I'll tell to you a story,
    Without a word o' lee.

My name I needna mention,
    It's hardly worth the while,
I am a jolly bailie lad,
    Near Tarves I do dwell.

I canna work your horses,
    I canna haud your ploo,
Nor cut nor build in harvest,
    But I can feed a coo.

It happened on an evening
    To Tarves we did go,
To get a dram and hae some fun,—
    The truth I'll let you know.

When we arrived at Tarves,
    To D——'s we did pad,
And there we got some music,
    That made our hearts right glad.

That man that played the music,
    His name I needna hide,
He was a jolly ploughman lad,
    They ca'd him Ironside.

Some was there for boots and shoes,
    And some was there for clothes;
But he was there for treacle,
    He being on his brose.

Few was there that I did know,
    And as few there knew me;
But there was one among the rest
    That tried to bully me.

It's then to P——'s we did go,
    To try and get some fun;
There I was sore ensnared
    Wi' the maiden o' the inn.

treacle, a light ale taken along with brose
maiden o' the inn, the innkeeper's daughter

She was a lovely maiden,
  The maiden that she be—
Two rosy cheeks, twa rollin' e'en,
  And a lovely girl was she.

We sat and drank, and merry were,
  We drank—I think na shame;
When eleven o'clock began to strike,
  We steered our course for hame.

It was there I lost my comrade,
  And on him I did cry;
Just at that very moment
  A man in blue came by.

He told me very plainly,
  If I didna hold my tongue,
He would take me into custody
  Before that it was long.

He took me roughly by the arm,
  And dragged me to the inn;
'Twas there we fought in earnest,
  For it didna end in fun.

He tried to haul me through the door,
  His strength he didna spare,
But I did plainly show to him
  That it would need a pair.

But surely I'm a profligant,
  A villain to the bone,
To tear the coat from off his back,
  It being not his own.

But soon assistance came to him,
  They dragged me through the door,
There I was made a prisoner,
  And left to think it o'er.

A sudden thought came in my mind,—
  I up the window drew;
Twa willing hands did pull me out,
  That didna like the blue.

I think the folks in Tarves
  A jail wad need to get,
For to lock up their prisoners,
  And nae let them escape.

For surely it main be a sin
　　To break the Sabbath day,
Searching for their prisoners
　　When they do run away.

I've something more to tell you,
　　But not to my disgrace;
To Aberdeen I was brought up,
　　Just for to plead my case.

When I received my sentence,
　　I heard it like a shot;
There was thirty shillings for a fine
　　And fifteen for the coat.

Now all ye jolly hireman lads,
　　A warning take by me,
When you go down to Tarves,
　　And nae get on the spree.

Just go and get your eerant,
　　And steer your course for hame,
And when a row it does begin,
　　Ye winna get the blame.

Oh Gin I Wir . . .

Oh gin I wir a brewer's horse,
Though it wir but half a year,
I wud turn my head far ma tail sud be
And I wud drink oot a' the beer.

The Barnyards o' Delgaty

As I cam' in tae Turra market,
Turra market for tae fee,
It's I fell in wi' a wealthy fairmer,
The Barnyards o' Delgaty.

　　Linten addie toorin addie,
　　Linten addie toorin ae,
　　Linten lowrin', lowrin', lowrin',
　　The Barnyards o' Delgaty.

96

He promised me the ae best pair,
That was in a' the kintra roon,
Fan I gaed hame tae the Barnyards
There was naething there but skin and bone.

The auld black horse sat on his rump
The auld white mare lay on her wime
For a' that I would hup and crack
They wouldna rise at yokin' time.

It's lang Jean Scott she maks ma bed
You can see the marks upon my shins
For she's the coorse ill-trickit jaud
That fills my bed wi' prickly whins.

Meg McPherson maks my brose
An' her an' me we canna gree,
First a mote and syne a knot
An' aye the ither jilp o' bree.

Fan I gang tae the kirk on Sunday
Mony's the bonny lass I see,
Sittin' by her faither's side,
An' winkin' ower the pews at me.

Oh, I can drink and no get drunk,
An' I can fecht an' no get slain,
An' I can lie wi' anither lad's lass,
An' aye be welcome tae my ain.

My caun'le noo it is burnt oot
Its lowe is fairly on the wane;
Sae fare ye weel ye Barnyards
Ye'll never catch me here again.

Mormond Braes

As I gaed doon by Strichen toon,
I heard a fair maid mournin',
And she was makin' sair complaint
For her true love ne'er returnin'.

mote, a particle of dirt   *knot*, lump
the ither jilp o' bree, the occasional spillage of liquid   *caun'le*, candle

Sae fare ye weel, ye Mormond braes,
Where aft-times I've been cheery;
Fare ye weel, ye Mormond braes,
For it's there I've lost my dearie.

There's as guid fish intae the sea
As ever yet was taken,
So I'll cast my net an' try again
For I'm only aince forsaken.

There's mony a horse has snappert an' fa'n
An' risen again fu' rarely,
There's mony a lass has lost her lad
An' gotten anither richt early.

Sae I'll put on my goon o' green,
It's a forsaken token,
An' that will let the young lads ken
That the bonds o' love are broken.

Sae I'll gyang back tae Strichen toon,
Whaur I was bred an' born,
An' there I'll get anither sweetheart,
Will marry me the morn.

ALEXANDER GAVIN

Macfarlan o' the Sprotts

Afore that I'd be tyraneest as I this file hae been,
I'd raider rin fae here tae Birse wi' piz in baith my sheen,
I'd raider dee for want o' breath than pine for want o' love;
An it's a' becus Macfarlan's mairret Susy.
Susy's cankert fader wi' mine could never gree,
An' aye fin I gaed ower that gait he'd hun' his dog at me;
I sent my freen Macfarlan doon tae try fat he could dee,
Macfarlan o' the Sprotts o' Birnieboosie.

I dinna like Macfarlan noo, I'm safe aneuch to state,
His lugs wid cast a shaida ower a sax-fit gate;
He's saft as ony gorblin, bit he's sliddery as a skate,
Macfarlan o' the Sprotts o' Birnieboosie.

snappert, stumbled   *fu' rarely*, excellently
gorblin, nestling

Macfarlan spak nae word for me, bit plenty for 'imsel;
He reest the lassie's barley scones, her kebbick an' her kail;
Her fader cried oot, 'Sprotts, ye shid try yer luck yersel,'
Tae Macfarlan o' the Sprotts o' Birnieboosie.
Macfarlan he's the grimmest chiel for twenty mile a' roon,
They buy his fottygraf tae fleg the rottans fae a toon;
He kyttlt up his spunk at this, an' speert gin she'd come doon
An' be mistress o' the Sprotts o' Birnieboosie.

I dinna like Macfarlan noo, I'm safe aneuch to state,
His lugs wid cast a shaida ower a sax-fit gate;
He's saft as ony gorblin, bit he's sliddery as a skate,
Macfarlan o' the Sprotts o' Birnieboosie.

He said that he was able baith tae play at coup-the-ladle,
Wi' a laidder ower a tricle cask, an' ca the churn forby;
Anidder o' his win'ers wis that sawdust mist wi' cin'ers
Wis their spice for feedin' hens at Birnieboosie.
An educatit ostrich fae the wilds o' Timbuctoo
He hid for scrattin' up his neeps, an' hidna them to pu';
I never heard the like o' that come oot o' ony mou'
But Macfarlan's o' the Sprotts o' Birnieboosie.

I dinna like Macfarlan, it's awfu', bit it's true;
A pewyter speen wis tint in Jock Macfarlan's mou';
He couldna weel be grimmer, an' they feed him wi' the skimmer,
Macfarlan o' the Sprotts o' Birnieboosie.

Oh, a dirl o' the teethic's nae particularly sweet,
Bit love's the only pine on earth that ever gart me greet;
It's like kyttly chillblains roon yer hert instead o' on yer feet,
They war aggravatit by the sicht o' Susy.
Noo freens an' kin' philosophers, ye've heard fat me befel
Never lippen tull a middleman, bit dee yer wark yersel
Or I'll bet my winter sarket ye're a day ahin the market
Like fin I sent Jock Macfarlan doon tae Susy.

I dinna like Macfarlan noo, I'm fairly aff o' Jock,
I dinna like Macfarlan, nor Macfarlan's folk;
May his Susy be nae turtle, bit the tyangs aran the spurtle
Bring oot ower the heed o' Jock o' Birnieboosie.

G. B. THOMSON

reest, praised   *coup-the-ladle*, see-saw   *scrattin'*, digging
skimmer, skim milk   *lippen*, trust in
tyangs aran the spurtle, prongs of the baking fork

A Pair o' Nicky Tams

Fan I was only ten year auld, I left the pairish schweel.
My faither he fee'd me tae the Mains tae chaw his milk and meal.
I first pit on my narrow breeks tae hap my spinnel trams,
Syne buckled roon my knappin' knees, a pair o' Nicky Tams.

It's first I gaed on for baillie loon and syne I gaed on for third,
An' syne, of course, I had tae get the horseman's grippin' wird,
A loaf o' breed tae be my piece, a bottle for drinkin' drams,
Bit ye canna gyang thro' the caffhouse door without yer Nicky Tams.

The fairmer I am wi' eynoo he's wealthy, bit he's mean,
Though corn's cheap, his horse is thin, his harness fairly deen.
He gars us load oor cairts owre fou, his conscience has nae qualms,
Bit fan briest-straps brak there's naething like a pair o' Nicky Tams.

I'm coortin' Bonnie Annie noo, Rob Tamson's kitchie deem,
She is five-and-forty an' I am siventeen,
She clorts a muckle piece tae me, wi' different kinds o' jam,
An' tells me ilka nicht that she admires my Nicky Tams.

I startit oot, ae Sunday, tae the kirkie for tae gyang,
My collar it wis unco ticht, my breeks were nane owre lang.
I had my Bible in my pooch, likewise my Book o' Psalms,
Fan Annie roared, 'Ye muckle gype, tak' aff yer Nicky Tams!'

Though unco sweir, I took them aff, the lassie for tae please,
But aye my breeks they lirkit up, a' roon aboot my knees.
A wasp gaed crawlin' up my leg, in the middle o' the Psalms,
So niver again will I enter the kirk without my Nicky Tams.

I've often thocht I'd like tae be a bobby on the Force,
Or maybe I'll get on the cars, tae drive a pair o' horse.
Bit fativer it's my lot tae be, the bobbies or the trams,
I'll ne'er forget the happy days I wore my Nicky Tams.

G. S. MORRIS

a pair o' Nicky Tams, straps around the trouser legs below the knee
chaw, chew   spinnel trams, spindly legs   knappin', knocking
gaed on for, qualified as
horseman's grippin' wird, secret expression and handshake that the lad learned when accepted as a fully fledged horseman (the wird was: 'Both as one').
caffhouse, part of the winnower which collected the chaff, the chamber in which the horseman's initiation usually took place.
briest-straps, breast harness   kitchie deem, kitchen maid
clorts, spreads thickly   gype, fool   sweir unwilling   lirkit, worked

Observances

A boy row in a umman's coatie—
In a man's sark row a lassie:
Nor wash their palms, nor cut their nails,
For fear ye teem luck's tassie.

Pit breid an' cheese aneth their heids,
An' wus them hale an' happie:
Pit butter till the bairnie's feet,
An' syne tak' oot yer drappie.

J. PITTENDRIGH MACGILLIVRAY

The Travelling Preacher

Up by Tough an' doon by Towie
Gaed the wifie and her bowie:
Through by Keig and Tullynessle
'Twas aye the wifie and her vessel:
Up Glenbuchat and Strathdon
Still he drave the wifie on
Syne hame by Rhynie and Strathbogie
Cam' the wifie and her cogie.

The Hedonist

I kent o' a King o' the Cabrach aince,
    An' a gey bit Kingie was he;
He had nae sowl, nae siller, nor sense,
    But did fine withoot a' three.
For he sleepit, ochone! an' snored, ochone!
    A' day in his beddie ba'—
Wi' a tosselled trok o' a nicht-kep on,
    An' his croon in the crap o' the wa',
    Ay, his bonnie croon,
    Wi' the roset-foun',
    It lay in the crap o' the wa'.

---

row, wrap   umman, woman   teem, empty   tassie, cup
bowie, cogie, vessel for food or drink
gey bit, extraordinary   tosselled, tasselled   trok, rag
crap o' the wa', recess at the angle of wall and roof
roset-foun', candle stump (?)

He'd wauken fyles when the knock wad chap,
　　An' skirl fae the horn en':—
'Ye louts, ye loons, I've an awfu' yapp,
　　Fess plates an' trenchers ben;
An' dinna forget, I've a drooth evnoo
　　That could drink the Deveron dry—
An' the mair o' guid ye pit into my mou',
　　The mair'll come oot, say I,
　　　　Oh, better for you,
　　　　A King half-fou,
　　　　A hantle, than ane that's dry.'

Weel-suppered an' slockit, they'd saiddle him
　　On a shalt's as sweer's himsel',
An' he'd ride his realm fae the Rooster's rim
　　To the lythe o' the Balloch well;
A' his bodygaird was a fozelin' tyke
　　As ready to row's to run—
'I'm a king,' says he, 'I can dae as I like
　　An' I'm giein' my fowk their fun—
　　　　"He gart's a' laugh,"
　　　　Is the epitaph
　　　　I wad like when I'm 'naith the grun.'

When the Kingie deid ae Lammas mirk,
　　His fowk made muckle mane,
An' they happit him snod in Walla Kirk
　　Wi' this at his cauld head-stane:
'A cheery craitur's lyin' here'—
　　An' they said baith great an' sma'—
'He never gart ane o's shed a tear
　　Except when he wore awa'.'

　　　　·　　·　　·　　·　　·

'Mong heather and whaups, and whins and mist,
　　Oh, laughing, lonely hedonist,
　　I like to think of you.

MARY SYMON

knock wad chap, clock would strike
horn en', the best room in the house (where the best horn cutlery was kept)
yapp, hunger　　*evnoo*, just now　　*a hantle*, by far　　*slockit*, quenched
sweer, lazy　　*lythe*, shelter　　*fozelin'*, wheezing　　*row*, roll about
happit him snod, buried him comfortably
whaups, curlews

Hallowe'en

The tattie-liftin's nearly through,
They're ploughin' whaur the barley grew,
   And aifter dark, roond ilka stack,
   Ye'll see the horsemen stand an' crack.
O Lachlan, but I mind o' you!

I mind foo often we hae seen
Ten thoosand stars keek doon atween
   The nakit branches, an' below
   Baith fairm an' bothie hae their show,
Alowe wi' lichts o' Hallowe'en.

There's bairns wi' guizards at their tail
Clourin' the doors wi' runts o' kail,
   And fine ye'll hear the skreichs an' skirls
   O' lassies wi' their droukit curls
Bobbin' for aipples i' the pail.

The bothie fire is loupin' het,
A new heid horseman's kist is set
   Richts o' the lum; whaur by the blaze
   The auld ane stude that kept yer claes—
I canna thole to see it yet!

But gin the auld fowks' tales are richt
An' ghaists come hame on Hallow nicht,
   O freend o' freends, what wad I gie
   To feel ye rax yer hand to me
Atween the dark an' can'le-licht?

Awa' in France, across the wave,
The wee lichts burn on ilka grave,
   An' you an' me their lowe hae seen—
   Ye'll mebbe hae yer Hallowe'en
Yont, whaur ye're lyin' wi' the lave.

There's drink an' daffin', sang an' dance,
And ploys, and kisses get their chance,
   But Lachlan, man, the place I see
   Is whaur the auld kist used to be
And the lichts o' Hallowe'en in France!

VIOLET JACOB

crack, chat   *keek*, peep   *bothie*, farm servants' quarters   *alowe*, ablaze
clourin', battering   *runts o' kail*, cabbage stalks   *droukit*, soaking   *kist*, chest
rax, stretch out   *lowe*, glow   *lave*, rest   *daffin'*, flirting   *ploys*, practical jokes

The Neebour

Auld Kate's awa'. November-month
   They laid her oot an' got her kistit
And had her pitten east the kirk
   (There wasna ane that wad hae miss'd it!)
Her door is lockit, cauld's the lum,
There's nane tae gang and nane tae come.

Her yett hangs rattlin' i' the wind,
   The tattie-shaws are black and rotten,
For wha's tae lift them? 'Let them bide,'
   The neebours say, 'she's best forgotten.'
They'll tell ye that her hoose is toom,
Forbye the rats in ilka room.

'Twixt her and me was just the wa',
   A wheen o' bricks oor hames dividit,
This lanesome loanin' held us baith,
   My but-an-ben wi' hers aside it;
But ne'er a wean cam' nigh the place
For dreid he'd see her evil face.

The verra doags gaed fleein' by,
   And, gin that Kate was oot an' tryin'
Tae cast a bodle till a tink,
   He wadna touch't—he'd leave it lyin'!
Mysel', I let sic havers be.
I didna care a curse—no me.

    .   .   .   .

But noo—but noo—I wauk o' nichts
   And smoor my heid; I daurna lift it
Lest yont the wa' there comes a soond
   O' ane that's deid but hasna shiftit
And aye seeks hameward through the mirk—
She'll no lie easy by the kirk!

And when my workin' day is by
   I seek my door as daylicht's deein',
It's sweir I am tae lift my een,
   I'm like the bairns—I'm no for seein'!
Lord mind o' me—I ken there's ane
At the dairk side o' the windy-pane!

VIOLET JACOB

kistit, coffined   *tattie-shaws,* potato haulms   *toom,* empty   *loanin,* lane
   bodle, small coin   *havers,* foolish talk   *smoor,* cover with bedclothes
                  sweir, unwilling

Cairneyside

I turned my een tae the lift
When nicht was on the glen
As I steppit oot frae my feyther's door
Tae tryst wi' Chairlie's men;
I thocht the stars like a gallant line
That fechts for a country's pride,
And they shone mair clear nor the lichts o' hame
In the water o' Cairneyside.

There was never a star tae see
When the heather happ'd my heid
And the wild wind grat owre Culloden muir
For the deein' and the deid;
My mou' was dry wi' the drouth o' hell
And I grippit the moss and cried
For the cauld, sweet taste on my burnin' lips
O' the water o' Cairneyside.

I turned my fitsteps hame
When the huntit were at rest
And the shots rang oot owre the land nae mair
On the hillsides o' the west;
And I socht the place at my mither's hairth
Whaur a broken lad micht hide—
There was naucht left standin' but nakit wa's
By the water o' Cairneyside.

VIOLET JACOB

Johnshaven

Said the trout to the fluke,
When did your mou crook?
My mou was never even
Since I cam by Johnshaven.

lift, sky   *tryst*, keep an appointment   *happ'd*, wrapped
drouth, thirst   *broken lad*, outlaw

Pride

Did iver ye see the like o' that?
The warld's fair fashioned to winder at!
Heuch—dinna tell me! Yon's Fishie Pete
That cried the haddies in Ferry Street
Set up wi' his coats an' his grand cigars
In ane o' thae stinkin' motor-cars!

I mind the time (an' it's no far past)
When he wasna for fleein' alang sae fast,
An' doon i' the causey his cairt wad stand
As he roared oot 'Haddies!' below his hand;
Ye'd up wi' yer windy an' doon he'd loup
Frae the shaft o' the cairt by the sheltie's doup.

Aye, muckle cheenges an' little sense,
A bawbec's wit an' a poond's pretence!
For there's him noo wi' his neb to the sky
I' yon deil's machinery swiggit by,
An' me, that whiles gied him a piece to eat,
Tramps aye to the kirk on my ain twa feet.

And neebours, mind ye, the warld's agley
Or we couldna see what we've seen the day;
Guid fortune's blate whaur she's weel desairv't
The sinner fu' an' the godly stairv't,
An' fowk like me an' my auld guidman
Jist wearied daein' the best we can!

I've kept my lips an' my tongue frae guile
An' kept mysel' to mysel' the while;
Agin a' wastrels I've aye been set
And I'm no for seekin' to thole them yet;
A grand example I've been through life,
A righteous liver, a thrifty wife.

But oh! the he'rt o' a body bleeds
For favours sclarried on sinfu' heids.
Wait you a whilie! Ye needna think
They'll no gang frae him wi' cairds an' drink!
They'll bring nae blessin', they winna bide,
For the warst sin, neebours, is pride, aye, pride!

VIOLET JACOB

sheltie's doup, pony's backside   *bawbee*, halfpenny   *swiggit*, whirled
agley, off course   *blate*, backward   *thole*, endure   *sclarried*, spilled

Dockens Afore His Peers

(Exemption tribunal)

Nae sign o' thow yet. Ay, that's me, John Watt o' Dockenhill:
We've had the war throu' han' afore, at markets ower a gill.
O ay, I'll sit, birze ben a bit. Hae, Briggie, pass the snuff;
Ye winna hinner lang wi' me, an' speer a lot o' buff,
For I've to see the saiddler yet, an' Watchie, honest stock,
To gar him sen' his 'prentice up to sort the muckle knock,
Syne cry upo' the banker's wife an' leave some settin' eggs,
An' tell the ferrier o' the quake that's vrang aboot the legs.
It's yafa wedder, Mains, for Mairch, wi' snaw an' frost an' win',
The ploos are roustin' i' the fur, an' a' the wark's ahin'.
Ye've grun yersel's an' ken the tyauve it is to wirk a ferm,
An' a' the fash we've had wi' fouk gyaun aff afore the term;
We've nane to spare for sojerin', that's nae oor wark ava',
We've rents to pey, an' beasts to feed, an' corn to sell an' saw;
Oonless we get the seed in seen, faur will we be for meal?
An' faur will London get the beef they leuk for aye at Yeel?
There's men aneuch in sooters' shops, an' chiels in masons' yards,
An' coonter-loupers, sklaters, vrichts, an' quarrymen, an' cyaurds,
To fill a reg'ment in a week, withoot gyaun vera far,
Jist shove them in ahin' the pipes, an' tell them that it's 'War';
For gin aul' Scotland's at the bit, there's naethin' for't but list.
Some mayna like it vera sair, but never heed, insist.
Bit, feich, I'm haverin' on like this, an' a' I need's a line
To say there's men that maun be left, an' ye've exemptit mine.
Fat said ye? Fatna fouk hae I enoo' at Dockenhill?
It's just a wastrie o' your time, to rin them throu', but still—
First there's the wife—'Pass her,' ye say. Saul! had she been a lass
Ye hadna rappit oot sae quick, young laird, to lat her pass,
That may be hoo ye spak' the streen, fan ye was playin' cairds,
But seein' tenants tak' at times their menners fae their lairds,
I'll tell ye this, for sense an' thrift, for skeel wi' hens an' caur,
Gin ye'd her marrow for a wife, ye woudna be the waur.
Oor maiden's neist, ye've heard o' her, new hame fae buirdin' squeel,
Faur she saw mair o' beuks than broth, an' noo she's never weel,

thow, thaw   *throu' han'*, under discussion   *birze*, squeeze
hinner, keep me back   *buff*, nonsense   *stock*, old man   *knock*, clock
settin', for hatching   *quake*, heifer   *yafa*, awful   *tyauve*, struggle
fash, bother   *term*, contracted time   *saw*, sow   *Yeel*, Yule
coonter-loupers, shop-assistants   *vrichts*, joiners   *cyaurds*, tinkers
at the bit, in trouble   *list*, enlist   *sair*, strongly   *fatna*, what kind of
rappit, retorted   *the streen*, last night   *caur*, calves   *marrow*, equal
maiden, eldest daughter   *buirdin' squeel*, boarding school

But fan she's playin' ben the hoose, there's little wird o' dwaams,
For she's the rin o' a' the tunes, strathspeys, an' sangs, an' psalms;
O' 'Evan' an' 'Neander' baith, ye seen can hae aneuch,
But 'Hobble Jennie' gars me loup, an' crack my thooms, an' hooch.
Weel, syne we hae the kitchie deem, that milks an' mak's the maet,
She disna aft haud doon the deese, she's at it ear' an' late,
She cairries seed, an' braks the muck, an' gies a han' to hyow,
An' churns, an' bakes, an' syes the so'ens, an' fyles there's peats to rowe.
An' fan the maiden's frien's cry in, she'll mask a cup o' tay,
An' butter scones, and dicht her face, an' cairry ben the tray,
She's big an' brosy, reid and roch, an' swippert as she's stoot,
Gie her a kilt instead o' cotts, an' thon's the gran' recruit.
There's Francie syne, oor auldest loon, we pat him on for grieve,
An', fegs, we would be in a soss, gin he should up an' leave;
He's eident, an' has lots o' can, an' cheery wi' the men,
An' I'm sae muckle oot aboot wi' markets till atten'.
We've twa chaps syne to wirk the horse, as sweir as sweir can be,
They fussle better than they ploo, they're aul' an' mairret tee,
An' baith hae hooses on the ferm, an' Francie never kens
Foo muckle corn gyangs hame at nicht, to fatten up their hens.
The baillie syne, a peer-hoose geet, nae better than a feel,
He slivvers, an' has sic a mant, an' ae clog-fit as weel;
He's barely sense to muck the byre, an' cairry in the scull,
An' park the kye, an' cogue the caur, an' scutter wi' the bull.
Weel, that's them a'—I didna hear—the laadie i' the gig?
That's Johnnie, he's a littlan jist, for a' he leuks sae big.
Fy na, he isna twenty yet—ay, weel, he's maybe near't;
Ower young to lippen wi' a gun, the crater would be fear't.
He's hardly throu' his squeelin' yet, an' noo we hae a plan
To lat him simmer i' the toon, an' learn to mizzer lan'.
Fat? Gar him 'list! Oor laadie 'list? 'Twould kill his mither, that,
To think o' Johnnie in a trench awa' in fat-ye-ca't;
We would hae sic a miss at hame, gin he was hine awa',
We'd raither lat ye clean the toon o' ony ither twa;
Ay, tak' the wife, the dother, deem, the baillie wi' the mant,
Tak' Francie, an' the mairret men, but John we canna want.

'Evan' and 'Neander', Psalm tunes   'Hobble Jennie', a popular folk tune
crack, snap   kitchie deem, kitchen maid   hand doon the deese, occupy a seat
braks the muck, forks the dung   hyow, how
syes the so'ens, strains the gruel   rowe, bring in   mask, infuse
dicht, wipe   ben, through   brosy, stout   swippert, agile
cotts, skirts   pat him on for, promoted him   grieve, foreman
soss, mess   eident, hard-working   can, ability   sweir, lazy
fussle, whistle   baillie, cattle boy   peer-hoose geet, poor-house bastard
feel, idiot   mant, stutter   clog-fit, club-foot   scull, bucket
park, take to the field   cogue, feed   scutter, dodge   lippen, trust
simmer, spend the summer   mizzer, survey   miss, loss   hine, far
clean the toon, clear the farm   dother, daughter

Fat does he dee? Ye micht as weel speir fat I dee mysel',
The things he hisna time to dee is easier to tell;
He dells the yard, an' wi' the scythe cuts tansies on the brae,
An' fan a ruck gyangs throu' the mull, he's thrang at wispin' strae,
He sits aside me at the mart, an' fan a feeder's sell't
Tak's doon the wecht, an' leuks the beuk for fat it's worth fan fell't;
He helps me to redd up the dask, he tak's a han' at loo,
An' sorts the shalt, an' yokes the gig, an' drives me fan I'm fou.
Hoot, Mains, hae mind, I'm doon for you some sma' thing wi' the
    bank;
Aul' Larickleys, I saw you throu', an' this is a' my thank;
An' Gutteryloan, that time ye broke, to Dockenhill ye cam'—
'Total exemption.' Thank ye, sirs. Fat say ye till a dram?

March, 1916   CHARLES MURRAY

Winter

Noo that cauldrife Winter's here
    There's a pig in ilka bed,
Kindlin's scarce an' coals is dear;
Noo that cauldrife Winter's here
Doddy mittens we maun wear,
    Butter skites an' winna spread;
Noo that cauldrife Winter's here
    There's a pig in ilka bed.

CHARLES MURRAY

Horace, Car. I, 34

Parcus Deorum

I hadna crossed the Aul' Kirk door for mony a year an' day;
Quo' I, 'When a'thing's fore-ordained it's little eese to pray';
But noo when Sunday mornin' comes I hearken for the bell,
An' few set oot in runkled blacks mair eager than mysel'.

dells, delves   tansies, weeds   ruck, stack   mull, threshing mill
thrang, busy   wisping, bundling   feeder, fattened beast   fell't, slaughtered
redd, tidy   dask, desk   loo, cards   shalt, pony
doon for, surety for   some sma' thing, a certain amount
broke, went bankrupt
cauldrife, cold   pig, earthenware hot-water bottle
doddy, without separate fingers   skites, slides unexpectedly
runkled, wrinkled

For God Almichty in the past micht fyles forget his ain
When craps were connached noo an' than wi' weet or want o' rain;
But, Sirs! o' late, while hoastin' men are warslin' wi' the flu,
Frail wives in soakit shawls an' sheen are stervin' i' the queue.

An' ower the sea it's waur than that. The Marne is rinnin' reid,
The lang canals an' saughy burns are dammed wi' German deid;
An' bonny Wipers, braw Louvain, an' France's fairest touns,
Cathedrals, hospitals an' a' are levelled to the founs.

But noo the Kaiser an' his Kings are skirtin' fae the lan';
They seen got youkie roon' the chouks when God put tee a han';
An' Fortune like an aeroplane comes loopin' doon the blue,
An' kills a Czar to place in pooer some raggit Russian Jew.

CHARLES MURRAY

There's Aye a Something

Belcanny is foggin', wi' siller laid by,
Wi' byres fu' o' feeders an' pedigree kye.
Wi' horse in fine fettle for ploo or for harrow,
An' a' the teels needit fae binder to barrow;
The fire hoose an' steadin' sneck-harled and hale,
Wi' boortree for lythe an' a gean at the gale;
A hillside o' bracken for beddin' the stots,
In hairst for the thackin' a gushet o' sprots;
The snod dykit feedle lies fair to the sun,
An' anither Nineteen's little mair nor begun;
He's lucky, Belcanny, his boolie rowes weel,
But aye there's a something—the wife is genteel.

Her fowk thocht a fairmer an unco come doon,
For a queyn that was teachin' an' raised i' the toon.
But though like the lave her ambitions were big,
She couldna say 'Na' till a laad wi' a gig;

fyles, sometimes   *connached*, ruined
hoastin', coughing   *saughy*, willowy   *founs*, foundations
skirtin', sneaking   *youkie*, stinging blow   *put tee a han'*, intervened
foggin', wealthy   *feeders*, fattened cattle   *teels*, tools
fire hoose, farmhouse   *sneck-harled*, rough cast   *boortree*, elder
lythe, shelter   *gean*, wild cherry   *gale*, gable
gushet o' sprots, corner of rushes   *snod*, neatly   *feedle*, in-field
Nineteen, a year in the 1900s   *boolie rows weel*, everything goes well
unco, terrible   *queyn*, girl   *lave*, rest

An' soon they were baith sittin' cushioned an' saft,
An' passin' the peppermints up i' the laft.
An' faith she was thrang wi' her chuckens an' cheese,
Her eggs and her butter an' skepfu's o' bees;
An' better still, Hogmanay hardly was by
Or the howdie was in, and she'd hippens to dry;
But aye there's a something, a mote on the meen,
She's great upon mainners—an' Sandy has neen.

He's roch an' oonshaven till Sunday comes roon,
A drap at his nose, an' his pints hingin' doon;
His weskit is skirpit wi' dribbles o' kail,
He drinks fae his saucer, an' rifts owre his ale;
An' when he comes in fae the midden or moss
Her new-washen kitchie's as dubby's the closs.
She has her piana to dirl an' to thump,
But gie him for music a spring on the trump;
She's thankfu' for muckle, her doonsittin's fine,
The hoose an' the plenishin' just till her min';
But aye there's a something, the stob to the rose,
In spite o' a' tellin'—he blaws on his brose.

To haud them oonhappy would hardly be fair,
To ca' them ill-marrowed would anger them sair,
There's lots o' waur bodies, she'll freely alloo,
He's hearty an' kindly, baith sober an' foo;
He grudges her naething, be't sweeties or claes,
An' has for her hizzyship clappin' an' praise.
She's busy the but as a hen amon' corn
Gin noses need dichtin' or breekies are torn,
An' ben when the littlins need happin' or help,
To kiss or to cuddle, to scaul or to skelp.
They're like her in looks as a podfu' o' piz,
But dam't there's aye something—their mainners are his.

CHARLES MURRAY

thrang, busy   howdie, midwife   hippens, nappies   mote, speck, blot
    pints, bootlaces   weskit, waistcoat   skirpit, spattered
        dubby's the closs, muddy as the yard
        spring on the trump, tune on the Jew's Harp
doonsittin', marriage settlement   stob, thorn   ill-marrowed, ill-matched
    hizzyship, housekeeping   the but, the parlour   dichtin', wiping
        ben, the kitchen   happin', wrapping
            scaul, scold

Advice to the Sit-siccars

Keep aye a calm sough
An' jouk to the jaw.
Tho' weariet aneuch
Keep aye a calm sough.
The tyauve may be teuch
But warsle awa,
Keep aye a calm sough
An' jouk to the jaw.

Be wise an sit siccar—
Ye're safe on your doup:
When teemin' a bicker
Be wise an' sit siccar;
In love or in liquor
In case 'at ye coup,
Be wise an' sit siccar—
Ye're safe on your doup.

CHARLES MURRAY

Epitaph on the Minister of Logie Coldstone

When at the last trump the dead shall rise,
Lie still, Red Rab, if ye be wise.

The Sang

The auld fouks praised his glancin' e'en,
Tae ilka bairn he was a frien',
A likelier lad ye wadna see,
Bit—he was nae the lad fur me.

He brocht me troots frae lochans clear,
A skep o' bees, a skin o' deer;
There's nane s'uld tak' wha canna gie,
An' he was nae the lad for me.

Sit-siccars, members of the 'Sit-siccar' club, a group of the poet's friends who took their motto (sit tight) from the Buchan name for the creeping buttercup.
calm sough, quiet tongue   *jouk to the jaw*, ignore abuse   *tyauve*, struggle
warsle, wrestle   *doup*, backside   *teemin' a bicker*, emptying a drinking cup
coup, topple over

He luiket aince, he luiket lang,
He pit his hert-brak in a sang;
He heard the soondin' o' the sea,
An' a wis bye wi' him an' me.

The tune gaed soughin' thro' the air,
The shepherds sang't at Lammas fair,
It ran ower a' the braes o' Dee,
The bonnie sang he made fur me.

Sae lang 'twill last as mithers croon
And sweetherts seek the simmer's moon;
Oh, I hae gaen wha wadna gie,
For it s'all live when I maun dee.

MARION ANGUS

The Silver City

Yonder she sits beside the tranquil Dee,
Kindly yet cold, respectable and wise,
Sharp-tongued though civil, with wide-open eyes,
Dreaming of hills, yet urgent for the sea;
And still and on, she has her vanity,
Wears her grey mantle with a certain grace,
While sometimes there are roses on her face
To sweeten too austere simplicity.

She never taught her children fairy lore,
Yet they must go a-seeking crocks of gold
Afar throughout the earth;
And when their treasure in her lap they pour,
Her hands upon her knee do primly fold;
She smiles complacent that she gave them birth.

MARION ANGUS

Neebors

Ay, that's you, is't, doctor?
I thocht I saw ye comin' oot o' her hoose owre thonder.
An' is a'thing by?
Eh, but that's fine, noo; ye've had a sair hing-on!

luiket, looked *a wis bye,* all was over *soughin',* whispering
hing-on, wait

Is't a laddie or a lassie?
Twins? Keep's a'!
But I'm no nane surprised—no' me:
She was aye a twa-faced besom.
I'm jalousin' baith the twa o' them'll favour *her*?
It winna be *him*, ony wey;
The mither'll be their nearest freen' in *thon* hoose;
A'body kens that.

What's that ye say? 'Keep my tongue atween my teeth'?
There's nae ca' for ye to be unceevil doctor,
An' to a sufferer like me, tae!
I was jist speirin' for the woman—
As ony neebor would.

DAVID RORIE

Tinkler Pate

They sat by the side
O' the tum'lin' water,
Tinkler Pate
Wi' his wife an' daughter.

Pate sings oot
Wi's back till a tree,
'Hurry, ye limmers,
An' bile some tea!'

Weel they kent
They'd hae cause to rue
Gin they conter'd him,
An' him hauf-fou,

Sae the wifie lootit
To fill the tin,
Slippit her fit
An' coupit in.

The daughter, gruppin' her,
Slippit an' a',
An' that was the feenish
O' baith the twa.

---

jalousin', suspecting   *speirin' for*, enquiring after her health
limmers, sluts   *conter'd*, thwarted   *lootit*, stooped   *coupit*, toppled

Heels owre gowdie
The pair o' them gaed,
Naebody cared,
An' naethin' was said,

But what Pate roared
As they made for the linn,
'Canny, ye jades!
Ye're awa wi' the tin!'

DAVID RORIE

Elspet

Aye, a' her life, afore she beddit
This was her prayer, as Elspet said it,

'Poo'ers o' the air! Be gude to me!
Keep me livin'—lat ither folks dee!'

It cairrit her on till eichty-four,
An' the wolf ne'er girnt at Elspet's door.

A'body trimmelt that catched her ee,
There niver was muckle she didna see.

The lasses a' held her in deidly fear,
There niver was muckle she didna hear.

What een and lugs couldna bring till'r hoose,
Elspet niver wad fail to jalouse.

Ilk ane gae her a ceevil gude-day—
When they fand they couldna get oot o' her way.

Ilk ane gae her a cheery gude-e'en—
When sooth-rinnin' water row'd canny atween.

When the miller's mear had her fore-leg broke,
A'body kent the beast forespoke,

A'body kent it was Elspet's spells
And a'body keepit the fac' til theirsel's.

---

heels owre gowdie, head-over-heels   *linn*, waterfall   *canny*, careful
girn, snarl   *trimmelt*, trembled   *sooth-rinnin*, south-flowing
canny, safely   *forespoke*, bewitched

Elspet niver gaed near the kirk,
Naebody likit to meet her at mirk,

An' the nicht the ase-puckle set fire till her chair,
A hare slippit bye wi' its hurdies bare.

Twa herds saw it and heard it squeal
As it hirpled awa for the aid o' the Deil.

But dee'd she in grace or dee'd she in sin,
Her gear a' went to her next-o'-kin,

An' shewn fast in till a lurk in her coats
Was an auld leather bag fu' o' gowd an' notes.

But the far-awa freen that was served her heir
Was slain in a tuilzie at Lourin Fair.

Aye, a' her life, afore she beddit
That was her prayer as Elspet said it,

'Poo'ers o' the air! Be gude to me!
Keep me livin'—lat ither folks dee!'

DAVID RORIE

The Obituary Notice

Dod! An' sae *he's* awa, is he?
Some folks is awfu' for deein'!
That'll make fowre o' the Session, noo,
Slippit awa in sax 'ear.
Weel, weel, he was a gey lad in his day:
I could tell ye twa three bars aboot him,
Ay, could I,
An' richt gude anes, tae!

Ach! what o' 't?
Royt lads maks sober men,
An' young saunts, auld sinners.
Sae they a' haud, an' he was nae waur nor the lave.
Ony wey, the cratur's awa
An' here's a lang bittie aboot 'im 'i the papers.

mirk, dusk   *ase-puckle*, spark from the fire   *hurdies*, hind quarters
hirpled, limped   *gear*, possessions   *lurk*, fold   *tuilzie*, brawl
bars, yarns   *royt*, wild   *sae they a' haud*, they all go the same way

'Much respeckit member o' the community.'
Imph'm.
'For mony years an elder, an' a J.P.'
Jist to think o' a' that, noo!

Ay, ay, an' sae *he's* awa!
Dod, he was a gey lad in his day—
Some folks is awfu' for deein'!

DAVID RORIE

Epitaph

Here I, Jock Scott, frae Peterheid
At saxty year lie dour and deid,
A bachelor,—for wed I wadna:
And och! I wish my father hadna!

A. W. MAIR

The Princess of Scotland

'Who are you that so strangely woke,
    And raised a fine hand?'
Poverty wears a scarlet cloke
    In my land.

'Duchies of dreamland, emerald, rose,
    Lie at your command?'
Poverty like a princess goes
    In my land.

'Wherefore the mask of silken lace
    Tied with a golden band?'
Poverty walks with wanton grace
    In my land.

'Why do you softly, richly speak
    Rhythm so sweetly-scanned?'
Poverty hath the Gaelic and Greek
    In my land.

'There's a far-off scent about you seems
    Born in Samarkand.'
Poverty hath luxurious dreams
    In my land.

'You have wounds that like passion-flowers you hide
    I cannot understand.'
Poverty hath one name with Pride
    In my land.

'Oh! Will you draw your last sad breath
    'Mid bitter bent and sand?'
Poverty only begs from Death
    In my land.

RACHEL ANNAND TAYLOR

The Tinks

The mannie was a tinker an' the wife was jist a kyaard,
    Twa handy kin' o' jobs for them that's sweer;
They were merriet, oh aye, richt eneuch, but whether by th' priest
    Or minister, it wadna dee tae speer.

But, onywye, it wasna by the shirra they were wad;
    A-weel-a-wat he didna shuit them sair,
For ony time they faced him half a dizzen bobbies kent
    That they werena freely willin' tae be there.

The tinker birkie, Torquil, was a short, reid-fuskert chiel,
    The kin' that ye micht ca' a laichy-braid;
At drinkin', fechtin', pipin', poachin' hares or coupin' horse,
    Ye wadna get his marra i' the trade.

The wife was lang an' souple, an upstan'in', spangin' deem,
    Her face as broon's a berry wi' the wither;
Her heid was bare an' touzled, her een like bits o' coal,
    An' files the t'een was blacker than the t'ither.

Wi' tartan shawl an' strippit cot, an' bauchles on her feet,
    She'd merch an' strut, as prood's a grenadier;
Gin she hadna been an 'umman, as aince I heard it said,
    She micht hae been a bonny steppin' meer;

kyaard, beggar   *sweer*, lazy   *speer*, ask   *shirra*, sheriff
a-weel-a-wat, I'm certain   *shuit them sair*, please them much
birkie, lad   *reid-fuskert*, red-whiskered
laichy-braid, someone who is short and squat   *coupin'*, dealing
marra, equal   *spangin'*, nimble   *deem*, woman   *wither*, weather
files the te'en, at times one   *bauchles*, down-at-heel shoes   *meer*, mare

Bit a kittle ane tae dee wi', an' the very de'il tae yoke,
    Ye'd ne'er hae got the bit intil her mou',
For Torquil, hardy chielie, though he wasna easy fleyed,
    Ne'er conter'd her except fan he was fou.

An' syne she'd gar him rue it, for her tongue was byous roch,
    Like a fun-buss, an' her neive had plenty wecht;
I've seen her efter closin' time gyang bleezin' throu' th' Port
    An' challenge a' th' toon tae come an' fecht.

Ach weel, tae dae her justice, that was just an anterin time;
    I wadna say I've ever seen her blin',
But sober she was wild eneuch, an' efter, say, a gill,
    I'm tellin' ye, she'd neither haud nor bin.

They'd a wee bit cleekit sheltie an' a shogglin', shauchlin' cairt,
    Wi' fite-irons, twa-three pyocks, an' siclike gear,
An' tied ahin the back-door was a tattered, clooty tent
    That was a' the hame they had for half the year.

Syne roon th' cairt, an' on th' cairt, an' skailin' doon th' road,
    Were ragged, bar-fit bairns—I've coontit nine,
The youngest still, wi' hingin' heid, in-ower its mither's shawl,
    The auldest ane a muckle, strappin' quine.

I kenna fat they fed on, but they never seemed tae wint,
    For feint a shargar was there i' th' lot;
They warna blate at beggin', an' yon swack, lang-leggit hun'
    Wad help them noo an' than tae fill th' pot.

They didna like tae buy fat they could get some ither road—
    Gey tarry-fingered gentry are the tinks;
Their siller micht be scanty, still the mannie aye had some
    Tae coup a horse an' stan' a twa-three drinks.

The nor-east was their country, an' they wandert ower an' ower't,
    For they'd tramp a gey gweed bittock in a day;
Ye'd meet them ony place fae Bonar Brig tae Aiberdeen,
    But maistly twixt the Deveron an' the Spey.

kittle, awkward   *yoke*, control   *fleyed*, frightened
contered, stood up to her   *syne*, quickly   *byous roch*, unusually rough
fun-buss, whin bush   *neive*, fist   *gyang bleezin'*, go wildly drunk
anterin, occasional   *blin'*, blind drunk
neither haud nor bin, was uncontrollable   *cleekit*, lame   *sheltie*, pony
shogglin', *shauchlin'*, shaky, tumbledown   *fite-irons*, tin pots   *pyocks*, bags
clooty, patched   *syne*, then   *skailin'*, spilling   *strappin'*, handsome
shargar, weakling   *blate*, shy   *swack*, swift
gey gweed bittock, fair amount

In simmer, gey an' aften, they'd be campin' far the burn
  Gyangs joukin' throu' the san'stane tae the sea,
A bonny, lythe bit placie—gin a tinker I'd been born,
  Yon howe had been the very hame for me.

Wi' luntin' cutty, Jean wad sit an' watch the reeky pot,
  File bairnies scampered roon an' skraiched an' leuch,
An' Torquil, pipin' lood, wad gar the fermers drivin' by
  Shak' up the rines an' dunt their feet an' hooch.

At Aikey Fair an' Peter Fair, St. Sair's an' Muir o' Ord,
  I'se warran' Torquil never missed a day,
Or a chance tae sell a cadger ony drunker than himsel'
  Some rickle hardly fit for Douglas Brae.

In winter they wad sattle in the Port or Foggieloan,
  An' sair they'd ban the eddication laws,
For the wheeper-in wad try tae ca the littlins tae their beuks,
  An' the maister wad fess'oot his muckle tawse.

But gleg they were at jinkin' baith the Tak-a an' the Brod,
  An' dod-be-here, it mebbe was as weel,
For tyaavin' aye wi' sic ill-trickit nickums be tae gar
  Ony dominie forhooie ony squeel.

Wi' roset on his steelie, an' a puddock on his desk,
  A poothery deevil hotterin' on th' fleer,
A moosie doon a lassie's neck, a preen intil a loon,
  They'd keep the haill hypothec in a steer.

They scunnert at the carritches, they wadna coont ava,
  Though lickit aft, an' sometimes keepit in;
Tae them the squeel by turns wis jist a circus or a jyle,
  An' 'man's chief end' was deevilment an' din.

---

joukin', dodging   lythe, sheltered
  howe, hollow   luntin' cuttie, glowing clay pipe   rines, reins
    dunt, kick   cadger, vagrant dealer   rickle, a thin, bony horse
ban, curse   wheeper-in, attendance officer   beuks, books   fess, fetch
    gleg, clever   jinkin', dodging   Tak-a, attendance officer
Brod, School Board   dod-be-here, Lord help us   tyaavin', struggling
  ill-trickit nickums, mischievous rascals   forhooie, desert   roset, resin
  steelie, stool   poothery deevil, small sparking heap of wet gunpowder
    hotterin', spluttering   preen, pin   haill hypothec, whole place
steer, uproar   scunnert at, loathed   carritches, The Shorter Catechism
    'man's chief end', an item of the Shorter Catechism

It's nae mowse tamin' futtrits, an' it's jist aboot as ill
    Tae yoke wild Hielan' stirkies til a ploo;
It tak's an unco skeely man, wi' fitenin' fae a pyock
    Tae turn a hoodie-craw intil a doo.

But that's a thing they didna ken, lang syne in seventy-twa,
    Fan a' the yetts o' learnin' were unsneckit;
Though Parliament is poorfu' an' the King's a michty man,
    The tinker laddies fairly had them bleckit.

At lang length cam' a soughin' win' tae sheel awa' th' sna',
    An' nichts wad gie a bittock tae the days,
Fan lambs wad loup an' peewits skirl, an' little lavrocks sing,
    An' heather reek come driftin' ow'r the braes.

Syne Torquil wad screw up his drones an' blaw his proodest merch,
    An' Jean fess oot the cairtie, pyocks an' a';
The bairns wad bung their beuks aboot an' caper doon th' road—
    The spring had come, the tinkers were awa'.

Weel, you an' me's respectable, an' gey weel broken in,
    An' ow'r the theets we never lift a fit;
We hing in a' th' week, an' ilka Sunday i' th' kirk,
    Twa douce an' sober elders there we sit.

But losh, man, fan Aprile comes roon, there's something in ma bleed,
    Though fat it is I canna richtly tell,
A yokie kin' o' feelin' jist, that gars me sairly doot
    I'm gey sib tae the tinker fowk masel'.

J. M. CAIE

An Epitaph

Here lies Rob Allan's bonny Bell,
    A tenty dame,
That span her 'oo an' said her prayers,
    An' bade at hame.

W. M. CALDER

mowse, joke
futtrits, weasels   stirkies, bullocks   unco skeely, unusually clever
fitenin', whiting   seventy-twa, 1872, the year that education was made compulsory
unsneckit, unlocked   bleckit, fooled   soughin', rushing   sheel, shovel
theets, traces   hing in, conform   douce, respectable   yokie, itchy
gey sib, very closely related
tenty, cautious   'oo, wool

Scotland

Here in the Uplands
The soil is ungrateful;
The fields, red with sorrel,
Are stony and bare.
A few trees, wind-twisted—
Or are they but bushes?—
Stand stubbornly guarding
A home here and there.

Scooped out like a saucer,
The land lies before me;
The waters, once scattered,
Flow orderedly now
Through fields where the ghosts
Of the marsh and the moorland
Still ride the old marches,
Despising the plough.

The marsh and the moorland
Are not to be banished;
The bracken and heather,
The glory of broom,
Usurp all the balks
And the fields' broken fringes,
And claim from the sower
Their portion of room.

This is my country,
The land that begat me.
These windy spaces
Are surely my own.
And those who here toil
In the sweat of their faces
Are flesh of my flesh,
And bone of my bone.

Hard is the day's task—
Scotland, stern Mother—
Wherewith at all times
Thy sons have been faced:
Labour by day,
And scant rest in the gloaming,
With Want an attendant,
Not lightly outpaced.

Yet do thy children
Honour and love thee.
Harsh is thy schooling,
Yet great is the gain:
True hearts and strong limbs,
The beauty of faces,
Kissed by the wind
And caressed by the rain.

Lairhillock, Kincardine
SIR ALEXANDER GRAY

Farms

Tillyorn grows the corn
And Wester Corse the straw
And Tillylodge the blawarts blue
And Caldhame naething ava.

The Deil o' Bogie

(after the German)

When I was young, and ower young,
I wad a deid-auld wife;
But ere three days had gane by,
 Gi-Ga-Gane-by,
I rued the sturt and strife.

Sae to the Kirk-yaird furth I fared,
And to the Deil I prayed:
'O, muckle Deil o' Bogie,
 Bi-Ba-Bogie,
Come, tak the runkled jade.'

When I got hame, the soor auld bitch
Was deid, ay, deid eneugh,
I yokkit the mare to the dung-cairt,
 Ding-Dang-Dung-cairt,
And drove her furth—and leuch!

blawarts, blue weeds, cornflower, harebells
deid-auld, dying old *sturt,* trouble *runkled,* wrinkled

123

And when I cam to the place o' peace,
The grave was howked, and snod:
'Gae canny wi' the corp, lads,
    Ci-Ca-Corp, lads,
You'll wauk her up, by God!

Ram in, ram in the bonnie yird
Upon the ill-daein wife.
When she was hale and herty,
    Hi-Ha-Herty,
She plagued me o' my life.'

But when I gat me hame again,
The hoose seemed toom and wide,
For juist three days I waited,
    Wit-Wat-Waited,
Syne took a braw young bride.

In three short days my braw young wife
Had ta'en to lounderin me.
'Gie's back, dear Deil o' Bogie,
    Bi-Ba-Bogie,
My auld calamitie!'

SIR ALEXANDER GRAY

Rise Carline, Rise

The carle rade tae Aberdeen
To buy white bread
But lang or he cam back again,
The carline she was deid.
Sae he up wi his muckle stick
An geid her ower the head.
Cryin, 'Rise carline, rise
An eat white bread.'

---

howked, dug

snod, neat   corp, corpse   yird, earth   ill-daein, wicked   toom, empty

lounderin, beating

carle, old man   carline, old woman   geid, beat

The Auld Earl o' Huntly

(Translation of German folk-song: 'Der Kurfürst von Hessen')

The auld Earl o' Huntly
Is a verra fine man;
For he cleiths a' his sodgers
As well as he can.

The auld Earl o' Huntly,
It's himsel' says it's true,
That a' the young callants
Maun gae sodgerin' noo.

And he wales them that's bonnie,
The strang and the swack;
But the crupples and lammiters,
He turns them a' back.

O, ye puir hapless lassies!
And ye'll no think it richt,
When there's nane but the crupples
To daff wi' at nicht.

SIR ALEXANDER GRAY

The Three Kings

There were three kings cam frae the East;
They spiered in ilka clachan:
'O, which is the wey to Bethlehem,
My bairns, sae bonnily lachin'?'

O neither young nor auld could tell;
They trailed till their feet were weary.
They followed a bonny gowden starn,
That shone in the lift say cheery.

The starn stude ower the ale-hoose byre
Whaur the stable gear was hingin'.
The owsen mooed, the bairnie grat,
The kings begoud their singin'.

SIR ALEXANDER GRAY

callants, lads	*wales*, picks	*swack*, agile	*lammiters*, lame	*daff*, flirt
spiered, asked	*clachan*, hamlet	*starn*, star	*lift*, sky	*begoud*, began

The Curse of Forvie

If ever maiden's malison
Did licht upon drie land,
Lat nocht be funde on Forvie's glebes
But thistle, bent and sand.

Culbin Sands

Here lay a fair fat land;
  But now its townships, kirks, graveyards
Beneath bald hills of sand
  Lie buried deep as Babylonian shards.

But gales may blow again;
  And like a sand-glass turned about
The hills in a dry rain
  Will flow away and the old land look out;

And where now hedgehog delves
  And conies hollow their long caves
Houses will build themselves
  And tombstones rewrite names on dead men's graves.

ANDREW YOUNG

The Signpost

Snowflakes dance on the night;
  A single star
Glows with a wide blue light
  On Lochnagar.

Through snow-fields trails the Dee;
  At the wind's breath
An ermine-clad spruce-tree
  Spits snow beneath.

White-armed at the roadside
  Wails a signpost,
'Tonight the world has died
  And left its ghost.'

ANDREW YOUNG

malison, curse

126

The Ponnage Pool

'... Sing
Some simple silly sang
O' willows or o' mimulus
A river's banks alang.'

I mind o' the Ponnage Pule,
The reid brae risin',
Morphie Lade,
An' the saumon that louped the dam.
A tree i' Martin's Den
Wi' names carved on it;
But I ken na wha I am.

Ane o' the names was mine,
An' still I own it.
Naething it kens
O' a' that mak's up me.
Less I ken o' mysel'
Than the saumon wherefore
It rins up Esk frae the sea.

I am the deep o' the pule,
The fish, the fisher,
The river in spate,
The broon o' the far peat-moss,
The shingle bricht wi' the flooer
O' the yellow mim'lus,
The martin fleein' across.

I mind o' the Ponnage Pule
On a shinin' mornin',
The saumon fishers
Nettin' the bonny brutes—
I' the slithery dark o' the boddom
O' Charon's Coble
Ae day I'll faddom my doobts.

HELEN B. CRUICKSHANK

Ponnage Pool, Ferry Pool (*see* 'Arnha' Meets the Kelpie')
lade, channel taking water from the river to power a mill
loup, leap   *boddom,* bottom

Background

Frost, I mind, an' snaw,
An' a bairn comin' hame frae the schule
Greetin', nearly, wi' cauld,
But seein', for a' that,
The icicles i' the ditch,
The snaw-ploo's marbled tracks,
An' the print o' the rabbits' feet
At the hole i' the wire.

'Bairn, ye're blue wi' cauld!'
An apron warmed at the fire,
An' frostit fingers rubbed
Till they dirl wi' pain.
Buttered toast an' tea,
The yellow licht o' the lamp,
An' the cat on the clootie rug
Afore the fire.

HELEN B. CRUICKSHANK

The Candy Man

The candy man was guid tae me,
He took me up an' gied me tea,
Tea and toast an' a wee bit ham,
'Twas afa guid o' the candy man.

Overdue

O ragin' wind
An' cruel sea,
Ye put the fear
O' daith on me.
I canna sleep,
I canna pray,
But prowl aboot
The docks a' day,

dirl, tingle   *clootie*, made of patches

128

An' pu' my plaid
Aboot me ticht.
'Nae news yet, mistress!'
Ae mair nicht!

HELEN B. CRUICKSHANK

Weather Rhyme

Fin the rumble comes frae Pittendrum
The ill weather's a tae cum;
Fin the rumble comes frae Aberdour
The ill weather's a ower.

To People Who Have Gardens

For day's work and week's work
　　As I go up and down,
There are many gardens
　　All about the town.

One that's gay with daffodils,
　　One where children play,
One white with cherry-flower,
　　Another red with may.

A kitten, and a lilac-bush,
　　Bridal white and tall,
And later, crimson ramblers,
　　Against a granite wall.

I have passed your railings
　　When you never knew,
And, People who have Gardens,
　　I give my thanks to you.

AGNES MURE MACKENZIE

Caul', Caul' as the Wall

Caul', caul' as the wall
That rins frae under the snaw

rumble, thunder
wall, well

On Ben a' Bhuird,
And fierce, and bricht,
This water's nae for ilka mou',
But him that's had a waucht or noo,
Nae wersh auld waters o' the plain
Can sloke again.
But aye he clim's the weary heicht
To fin' the wall that loups like licht,
Caulder than mou' can thole, and aye
The warld cries oot on him for fey.

NAN SHEPHERD

The Avon

The water of Avon runs sa clear,
It would beguile a man of a hundred year.

Havers!

As I gaed doon by dark Loch A'an,
I thocht I sa'—but havers man!
'Twas jist a wisp o' grey mist blawn!

As I cam roon yon corrie wa'
I thocht I heard—but havers na!
'Twas jist the on-ding o' the snaw!

As I gaed owre the Derry Glen,
'Twas aye I lookit but and ben,
For, havers man, ye nivver ken!

J. C. MILNE

O Lord Look Doon on Buchan

O Lord look doon on Buchan
And a' its fairmer chiels!
For there's nae in a' Yer warld
Mair contermashious deils!

waucht, copious drink   *or noo*, previously   *wersh*, lifeless
sloke, satisfy the thirst   *thole*, bear   *cries oot on*, denounces   *fey*, bewitched
havers, silly talk   *on-ding*, falling   *but and ben*, in both directions
chiels, lads   *contermashious*, perverse

Yet tak a thocht afore Ye lat
Yer wrath and vengeance fa',
For sic weet and clorty widder
Wid gar ony human thraw!

But still an' on Ye ken richt weel
Their sowls are unca teuch,
And Lord fin a' is said and dane
Ye've tholed them lang aneugh.

And yet gin Ee'd come doon and tak
A dauner roon aboot
Ye'd sweir there wisna better han's
At garrin a'thing sproot.

So coontin up and coontin doon
The richt o't and the wrang,
Ye'd best hae patience, Lord, a fyle,
But Lord, O Lord, foo lang?

J. C. MILNE

Beery Me Owre at Peterheid

Beery me owre at Peterheid!
But howk a hole the maist o' a hunner' feet
Te haud ma shiverin banes and ma hert like leed
Fae the caul' dreich weet.

Beery me owre at Peterheid!
But growe on the tap a muckle scentit rose
Te haud awa the smell o' the herrin heid
Fae ma scunnert nose.

Beery me owre at Peterheid!
But mak' ma coffin o' finest polisht oak,
For braw maun I be fin I am lyin deid
Amang gentry folk.

J. C. MILNE

clorty, dirty   widder, weather
thraw, twist   unca teuch, extraordinarily tough   tholed, suffered
Ee'd, You would   dauner, stroll
howk, dig   dreich, wearisome   scunnert, disgusted

Tipperton

The first nicht at Tipperton
I cou'dna steek an ee,
For ferlies in the caff-bed
Widna let me be.

The second nicht at Tipperton
I cou'dna sleep ava,
For muckle, scraggy rottans
Gaed rattlin up the wa'.

The third nicht at Tipperton
I lay upon the fleer.
Fin mornin cam', says I, 'My man,
There's horny-gollachs here!'

O fare ye weel, Tipperton!
And fare ye weel, my fee!
The Deevil tak' ye, Tipperton,
And droon ye in the sea!

J. C. MILNE

Discipline!

As I gaed doon by kirk and toun
I heard the larkies singin,
And ilka burnie treetlin doon,
And wid and welkin ringin.

As I gaed doon by kirk and toun,
Quo I, 'A skweel, gweed feth!'
And there I heard nae sang nor soun',
But bairns quaet as death!

J. C. MILNE

---

steek, close   *ferlies*, strange things   *caff-bed*, bed with a chaff mattress
rottans, rats   *fleer*, floor   *horny-gollachs*, earwigs   *fee*, wages
toun, farm   *treetlin*, trickling   *welkin*, sky   *skweel*, school
gweed feth, good faith

Jean Calder

Fin first I sa' Jean Calder
A winsome lass was she,
Walkin doon the Spital
Wi' a lad I wished was me!

Fin neist I sa' Jean Calder
Wow! she lookit grim
Wi' twenty years o' teachin'
And drivin learnin in!

Fin last I sa' Jean Calder
She'd squander'd breath and brain
On mony a hunner littlins,
And deil the ane her ain!

J. C. MILNE

The Proposal

Ye'll get hens that'll keckle a' winter,
Birns o' reid-kamed cocks,
Hame-ower turkeys that gobble,
And reid-luggit bubbly-jocks;

Rich ream-bannocks and butter,
Sweet-milk kebbucks o' cheese,
And honey as clear as yer een, lass,
Fae three muckle skeps o' bees;

The best biggit hoosie in Buchan
That sits on the tap o' the brae,
And sheets o' my mither's great-granny's—
Od, lassie, fut mair wad ye hae!

J. C. MILNE

littlins, children
keckle, cackle   birns, loads   hame-ower, coarse-mannered
bubbly-jocks, turkeys   ream-bannocks, cream oatcakes   kebbucks, rounds
skeps, hives   biggit, built

Farmer's Wife

Yonner, ay,
It's Jean hersel'!
Wa' oot by
Wi' the orra pail!

Meenlicht skailin
Owre her hair,
Siller-bricht,
As she trauchles there

Wi' thochts in her min'
Gey ill te ken!
A lass lang syne
Wi' the wale o' men.

Danced at King's
Took a gweed degree
Kent maist things
But what she'd be—

Work-worn wife
At Futtratsprot!
A fairm-toon life,
The scunner o't!

J. C. MILNE

The Muckin o' Geordy's Byre

The muckin o' Geordy's byre,
    And shoolin the grupe sae clean,
Has gard me weit my cheiks
    And greit with baith my een.

It was ne'er my father's will,
    Nor yet my mother's desire,
That e'er I should file my fingers,
    Wi' muckin o' Geordy's byre.

orra, scrap   skailin, spilling   trauchles, makes her way wearily
    ill te ken, hard to fathom   lang syne, long ago   wale, pick
                scunner, disgust
        muckin, cleaning out dung   shoolin, shovelling
grupe, the dung channel in a cowshed   gard, made   file, soi

134

The Professor's Wife

I wis a student at King's.
Ma folk hid a craft in Glenardle.
'Learnin's the thing,' they wid say,
'To help ye up in the wardle.'

They vrocht fae daylicht to dark.
Fine div I min' on ma midder,
Up ower the queets amo' dubs,
Furth in the weetiest widder,

Swypin the greep in the byre,
Forkin the crap on the lan',
Treetlin wi water an aess an peats,
Aye a pail in her han'.

I wis a student at King's.
O the craft I nivver spoke.
Peer and prood wis I
An affrontit o ma folk.

An fyles on a still Mey nicht
I wid tak a daaner roun'
By Spital an College Bounds
To the lythe o the Aul' Toon.

An I wid stan an glower
In at the windows wide
O the muckle hooses there
Faar the professors bide,

At caun'le-licht an flooers
Shinin silver an lace,
An, braw in a low-neckit goon,
The professor's wife at her place.

'Fine,' says I to masel,
'Fine to be up in the wardle,'
An thocht wi a groo, on the brookie pots
In the kitchen at Glenardle.

craft, croft   _wardle_, world   _vrocht_, worked   _div_, do   _queets_, ankles
dubs, mud   _furth_, out of doors   _swypin_, sweeping
greep, dung channel   _treatlin_, kept on the run   _aess_, ashes
daaner, stroll   _lythe_, hollow   _groo_, shudder   _brookie_, dirty

'Learnin's the thing,' says I,
'To help ye up in the wardle.'
I wed a professor come time
An gid hyne awa fae Glenardle.

I bide in a muckle dark hoose
In a toon that's muckle an dark,
An it taks me maist o the day
To get fordl't wi ma wark.

Traachlin wi sitt and styoo.
Queuein for maet for oors,
A body his little time or hert
For caun'le-licht an flooers.

Ma han's are scorie-hornt,
An fyles I fin masel
Skushlin ma feet, as ma midder did
Oot teemin the orra pail.

The aul' folk's lyin quaet
In the kirkyard at Glenardle.
It's as weel; they'd be gey sair-made
At the state noo-a-days o the wardle.

'Learnin's the thing,' they wid say,
'To gie ye a hyste up in life.'
I wis eence a student at King's.
Noo I'm jist a professor's wife.

FLORA GARRY

To Suffie, Last of the Buchan Fishwives

A fish creel wi a wife aneth't
Steed at wir kitchen door.
A sma' quine grat at the wild-like shape
She'd nivver seen afore.

Ye cam fae anidder warl, Suffie,
Amo' hiz lan'ward folk,
The sough o the sea in the vera soun'
O the words ye spoke.

> *hyne*, far   *get fordl't*, catch up   *traachlin'*, toiling
> *sitt an styoo*, soot and dust   *scorie-hornt*, calloused   *skushlin*, shuffling
> *teemin'*, emptying   *sair-made*, distressed   *hyste*, lift
> *aneth't*, beneath it   *hiz*, us

Oor wyes warna yours, we nivver vrocht
Wi net nor line
Nor guttin knife, nor fan on haggert thoom
The stang o the brine.

We nivver hid to flee demintit
Tull the pier-heid,
Nor harken tull the heerican at midnicht,
Caul' wi dreid.

Spring efter Spring, or the teuchat's storm wis past
Ye wannert the road,
Heid tull the sleety win' an boo't twa-faal,
Shoodrin yer load.

Simmer parks war kin'lier tull yer feet
Gin steens an styoo.
Bit fyles the stirkies chase't ye.
Fa wis feart? Them or you?

Yon bricht huddry buss that wis eence yer hair
Is grizzl't noo,
An ower lang scannin o the sea his bleach't
Yer een's blue.

Wark an dule an widder sharpit yer face
Tull skin ower been,
As the tides tormint an futtle
A sma' fite steen.

Weel, umman, noo it's lowsin-time, we wuss
For you a fylie's ease;
Syne, at the hinmost wa'-gyaan,
Quaet seas.

FLORA GARRY

Fishwife

We brak nae breid o' idlecy
        Doon by in Fittie Square;
A' nicht oor men toil on the sea
    An' wives maun dee their share;

haggert, torn	*stang*, sting	*tull*, to
teuchat, lapwing (*teuchat's storm*, a spring gale)		*boo't twa-faal*, bent double
parks, fields	*gin*, than	*stirkies*, bullocks	*huddry buss*, heather bush
dule, grief	*been*, bone	*futtle*, whittle	*umman*, woman
lowsin, stopping work	*wuss*, wish	*hinmost wa'-gyaan*, final departure
	idlecy, idleness	

Sae fan the boats come laden in
I tak' my fish tae toon,
An' comin' back wi' empty creel
Tae bait the lines sit doon.

Blessing the Boat

Fae rocks an sands
An barren lands
An ill men's hands
Keep's free.
Weel oot, weel in,
Wi a gweed shot.

Trawler

Curious to call this boat the *Ulysses*,
But there it was—the rusty hulk,
And mess of scaly fishing-nets on deck
All tangled up like sea-weed, and the chains
Half-gnawed by the wet tooth of sea air,
The donkey engine coughing as she strained
Her iron heart against the bollard ropes
And slewed the boat towards the harbour mouth.

The siren rolled the echoes up the town
Shaking a fist at sun that would not stir
From warm side of his wet grey blanket,
Scaring the gull on wheelhouse, as the shouts
Of Vikings scared them from the beaked prows
Of long-boats in the days when steam was free
As clouds or wandering sea-winds. . . .

Now she bent
Her steam-chest energies to the outward thrust
And even with swan-like motion drove her way
Past the *Junge Jorge* in from Rotterdam
And Chian *Thermopylae* with her name
Lettered in Greek upon her heavy bows,
And a trim, white motor-boat from the Puddefiord.

ill, wicked   *shot*, shooting of the nets

138

She did not traipse the seas, the *Ulysses*,
Yet she had shot her nets on Dogger Bank
And trawled the dawn up from a heavy sea
Beyond Thorshavn in the Faroe Isles.

Soon, twisting water to a pole of force,
She pushed the land into the back horizon,
Where the Cairngorms grind their stumps of teeth
Pulp-wards upon the stubborn bone of weather.

Three days she drove about the northern grounds
Trailing her tarry fingers in the sea,
While patient winds rode high above the world
Shooting by day their white cloud-nets to catch,
When darkness came, the bright shoals of the stars,
And for three days and nights the hardened crew
Toiled at the nets between snatched food and rest,
Joking at times—for the catch was good—
And thinking silently what they would do
When they came back to port on Saturday:
Celtic they'd see play Aberdeen, and then
With wife to pictures or with girl to dance,
But first of all since salt brings thirst to men
They'd wet their whistles in the Wallace Tower
Where laughter breezes over tankards foaming—
All that they thought to do, yet never did.

Massed the storm-squadrons, and swift blades of wind
Leapt from the icy scabbard of the north;
Sword-blade or whip-thong flayed the sleek sea-skin,
Gouged out dark troughs, raised livid weals of foam,
And hail-stones spat with bite and sting of fire.
Down in the stoke-hole arms of muscled steel
Teased into fury the red reeling coals
And forced the fevered needle to the danger line
While the screw lashed in onward-thrusting gyres.

Six hours she rode the anger of the waves,
Running for shelter; then a hatch was smashed
And the shipped water poured into the hold
Turning her fires to useless steam, while night
More furious still came swallowing sea and sky
And deadlier heaved the bludgeons of the waves.

So when the sun again with sinewed light
Drove towards the west the shadow of the earth,
He flicked with light the tossing spars of wood;
Then quietly went to seek those valleys out
Where men tend flocks behind the western hills.

And yet on Saturday the home team won,
Bright laughter splashed about the Wallace Tower,
Screen-shadows told their tales of high romance,
And in the dance-hall by the silent wharf
Gay couples wheeled in the old dance of life.

HUNTER DIACK

The Curtain

Half way up the stairs
Is the tall curtain.
We noticed it there
After the unfinished tale.

My father came home,
His clothes sea-wet,
His breath cold.
He said a boat had gone.

He held a lantern.
The mist moved in,
Rested on the stone step
And hung above the floor.

I remembered
The blue glint
Of the herring scales
Fixed in the mat,

And also a foolish crab
That held his own pincers fast.
We called him
Old Iron-clad.

I smelt again
The kippers cooked in oak ash.
That helped me to forget
The tall curtain.

GEORGE BRUCE

A Boy's Saturday Night

In summer the sky
Was lit late.
Nearby the beach
Were stalls, swing boats,

Steam driven round-abouts
Gold horses of wood
Or bright red chair-o-planes
And mechanical music.

On the links stood
A boxing booth.
'Boys half price for the boxing.'
The fishermen spent money here.

Here Rob Burke was at work
Taking all comers
Till dark.
He put the finger of his glove

To his flat nose, snorted,
And then spat.
Short work was made of
Our Tom Scott.

We saw even the dust rise.
Outside the land was black.
'That's queer' I said,
'Sea's lit—like a lamp.'

GEORGE BRUCE

The Red Sky

Till that moment the church spire
At the top of our street was encased
In that blue sky. Occasionally white
Puffclouds drove straight to heaven.
At the foot of our street
The Central Public School, granite,
Also encased in blue.
We lived in between with the
Worms, forkies, shell-fish, crabs—
All things that crept from stones,
And with the daisies for company.
Each was alive and very worthy,
Just right, till I met
The curly boy with the square shoulders
Who knocked me down
Pushing his fist into my teeth.
Then a crack ran through the red sky.
From then on it was never the same.

GEORGE BRUCE

141

Praising Aberdeenshire Farmers

Thin ice glazing summer grass;
Here the red rowan is filched from the bough
By the cracking wind.
Sap freezes in the cold sun.

This is the East coast with winter
Written into its constitution
And so is very productive of men
Who do not wait for good
In case there is none.

They know their shortening day
Drops quick into night.
Their confidence is in knowledge
Got under duress, so
They have developed that
Deliberating and acquiring mind
That comprehends facts, and acts.

Let us praise them.
They have made the land good.

Their fat lambs dance on green pastures
That run to rock ridges,
Milch cows graze on rock top,
Sap where was perished grass
They have made the land good.
Life where was none. Praise them.

GEORGE BRUCE

Aberdeen, the Granite City

The brown land behind, south and north
Dee and Don and east the doubtful sea,
The town secured by folk that warsled
With water, earth and stone; quarrying,
Shaping, smoothing their unforgiving stone,
Engineering to make this sufficient city
That takes the salt air for its own.
The pale blue winter sky, the spring green trees,
The castigating thunder rain, the wind
Beating about the midnight streets,
The hard morning sun make their change

By the white unaltered granite—
Streets of it, broad roadways, granite pavemented
To the tall tenements, rectangular wide-walled stores,
To the kirks and pillared Assembly Rooms;
Streets with drinking troughs for the animals,
And at the port quays crowded,
Overfed with horses, lorries, men and boys,
And always and at every point
Clatter on the causies.
Business is good, will be good here
At the dead end of time. Record then
This people who purposive and with strategy
Established a northern city, a coast town
That stands and stares by the waters,
Dee and Don and the sea.

GEORGE BRUCE

Cullen

Aiberdeen'll be a green,
An Banff a borrows toon,
An Turra'll be a restin place
As men walk up and doon;
But Cullen'll remain the same—
A peer feel fisher toon.

The Boddamers Hanged the Monkey

Eence a ship sailed round the coast
and a' the men in her was lost
barrin' a monkey up a post
so the Boddamers hanged the monkey-o.

Durra ma doo a day
durra ma doo a daddy-o.
durra ma doo ma doo a day
the Boddamers hanged the monkey-o.

Noo the funeral was a grand affair
all the Boddam folk was there
it maint you o' the Glesga' Fair
fin the Boddamers hanged the monkey-o.

borrows toon, royal burgh   peer feel, poor, silly

Noo a' the folk frae Peterhead
cam oot expectin' tae get a feed
so they made it into potted heed
fin the Boddamers hanged the monkey-o.

Durra ma doo a day
durra ma doo a daddy-o
durra ma doo ma doo a day
the Boddamers hanged the monkey-o.

The Buchan Clan

I've read aboot the gallant clans that shine in Scotland's name,
McFlannels and a lot o' ither Macs o' equal fame,
But it is surely is a peety that we nivver see a jot
Aboot the famous Buchan clan, the foremost o' the lot.

Altho' they are a weel-kent tribe, their origins are dark,
An' yet 'tis said THE Buchan wis the mate on Noah's Ark,
He fechtit sair wi' Noah till he got a weekly wage
Syne fechtit mair for stoker and put Noah in a rage,
He girned aboot the grub-bill and the awfu' price o' coal
Till Noah shivved him ower the side, for mair he couldna thole.

He swam aboot for fourteen days until the sea gid doon,
A fortnicht! Aye, a fortnicht, he wis ower coorse tae droon!
He landed sair forfochen at a place ca'd Almanythie,
Far he wed a bonnie lassie fae the Mains o' Kittlie-hythie
An' plantit there a faimly tree 'at grew at sic a speed,
That verra seen they built a toon an' ca'd it Peterheid.

In coorse o' time, like ither folk, the aul' man met 'is death,
Some say it wis the mirrles, but I think 'twas want o' breath.
Wi' broken herts they beerit him aside the aul' 'Oo Mull,'
Syne hurried hame to fecht aboot the wordin' o' the wull.
There wis a fearsome stashie and the faimly splut in three—
I'll tell ye a' aboot them if ye'll only lat me be.

The main branch, that's the Pirates, sattl'd doon at Rottra Heid
Far they made a canny livin' in a wye that wisna gweed,
For they plunder't ivery wreck that cam' to grief aroon' 'at coast,
An' wisn't it a funny thing that ilka crew wis lost?

coorse, tough   *sair forfochen*, utterly worn out   *mirrles*, measles
    'Oo Mull', woollen mill   *stashie*, uproar   *canny*, crafty

144

But the biggin' o' the Lichthoose fairly spiled their bonny game,
An' the hale jing-bang o' blackgairds hid to flit an' leave their hame,
They came to Buchanhaven, far the Ugie meets the sea,
Tho' some socht Burnhaven, far there wis a breweree.

Ye'll meet their wild descendants fae North Rona to the Well
Fae Barra to the Bergen and fae Flogie to the Bell,
Fin herrin' seek the Knowle grun's, they're like to hae a birst,
An' the war-cry on their fivvered lips is 'Men wi' gear first!'

The second branch wis tinkies, and they gid aboot wi' packs,
An' they made a bonny profit aff o' safety preens and tacks,
Till competition drove them fae the country to the toon
Far ye'll se the Tinkie Buchans yet, if only ye'll look roon.

They hiv their representatives in a' the different trades,
An' ye'll ken them by the packmark in atween their shooder blades;
Ye winna recognise them if ye dinna see the mark,
But they tell me that they dinna shift their claes unless it's dark.

The third branch was the Royals, and they're few and far atween,
An the world wid be a better place supposin' there wis neen,
For they're the folk that like to think they're better than the lave,
An' they cairry that opinion fae the cradle to the grave.

They say, 'My goodness gracious' far the lave say, 'Govey Dicks,'
An' they say they're chopping firewood fin they're only brakin' sticks,
But still-an'-on for a' their fauts, t'wid be a cryin' shame,
To brand them waur than ither folk that hae a different name.

Altho' yer name's nae Buchan, if ye come fae Peterheid,
It's surely mair gin likely ye've a drap o' Buchan bleed,
For the Buchans thro' the centuries, for better or for waur,
Hae mairrit into ither tribes till gweed kens fit ye are,
Ye're a Pirate, or a Tinkie, or a Royal in yer pride,
Or ye're come o' auld man Noah, that shivved Buchan ower the side.

PETER BUCHAN

Lean Street

Here, where the baby paddles in the gutter,
   Here in the slaty greyness and the gas,
Here where the women wear dark shawls and mutter
   A hasty word as other women pass,

biggin', building	*fivvered*, fevered	*preens*, pins
'Govey Dicks', a cry of surprise	*still-an'-on*, for all that	

Telling the secret, telling, clucking and tutting,
  Sighing, or saying that it served her right,
The bitch!—the words and weather both are cutting
  In Causewayend, on this November night.

At pavement's end and in the slaty weather
  I stare with glazing eyes at meagre stone,
Rain and the gas are sputtering together
  A dreary tune! O leave my heart alone.

O leave my heart alone, I tell my sorrows,
  For I will soothe you in a softer bed
And I will numb your grief with fat to-morrows
  Who break your milk teeth on this stony bread!

They do not hear. Thought stings me like an adder,
  A doorway's sagging plumb-line squints at me,
The fat sky gurgles like a swollen bladder
  With the foul rain that rains on poverty.

G. S. FRASER

Schoudy, Poudy

Schoudy
Poudy,
A pair o' new sheen
Up the Gallowgate, doun the Green.

Up the Gallowgate

Kissed yestreen and kissed yestreen,
Up the Gallowgate, doun the Green:
I've wooed wi lords and wooed wi lairds,
I've mooled wi carles and melled wi cairds,
I've kissed wi priests—'twas dune in the dark,
Twice in my goun and thrice in my sark—
But priest nor lord nor loon can gie
Sic kindly kisses as he gae me.

Schoudy, Poudy, said when rocking a child (*showd*, rock)
yestreen, last night   *mooled*, had dealings with   *carles*, old men
melled, mixed   *cairds*, beggars

Hometown Elegy

(For Aberdeen in Spring)

Glitter of mica at the windy corners,
Tar in the nostrils, under blue lamps budding
Like bubbles of glass and the blue buds of a tree,
Night-shining shopfronts, or the sleek sun flooding
The broad abundant dying sprawl of the Dee:
For these and for their like my thoughts are mourners
That yet shall stand, though I come home no more,
Gas works, white ballroom, and the red brick baths
And salmon nets along a mile of shore,
Or beyond the municipal golf-course, the moorland paths
And the country lying quiet and full of farms.
This is the shape of a land that outlasts a strategy
And is not to be taken with rhetoric or arms.

Or my own room, with a dozen books on the bed
(Too late, still musing what I mused, I lie
And read too lovingly what I have read),
Brantome, Spinoza, Yeats, the bawdy and wise,
Continuing their interminable debate,
With no conclusion, they conclude too late,
When their wisdom has fallen like a grey pall on my eyes.
Syne we maun part, there sall be nane remeid—
Unless my country is my pride, indeed,
Or I can make my town that homely fame
That Byron has, from boys in Carden Place,
Struggling home with books to midday dinner,
For whom he is not the romantic sinner,
The careless writer, the tormented face,
The hectoring bully or the noble fool,
But, just like Gordon or like Keith, a name:
A tall, proud statue at the Grammar School.

G. S. FRASER

Balgownie

Brig o' Balgownie
Wight's thy wa'.
Wi' a wife's ae son
An' a mear's ae foal
Doon sall thou fa'.

nane remeid, no remedy
wight, massive   *mear*, mare

Heart of Stone

The sea-maw spires i the stane-gray lift
Owre sworlan swaws o the stane-gray sea,
Flaffers her wings—a flash o faem-white feathers—
And warssles awa i the wake o the trauchled trawler
That hirples hame half-drouned wi the weicht o herrin.

The sea-gray toun, the stane-grey sea,
The cushat's croudle mells wi the sea-maw's skirl
Whaur baith gae skaichan fish-guts doun the quays
Or scrannan crumbs in cracks o the thrang causeys,
A lichthous plays the lamp-post owre a close,
The traffic clappers through a fisher's clachan
Whaur aa the vennels spulyie names frae the sea,
And kirks and crans clanjamfrie,
Heaven and haven mixter-maxtered heave
To the sweel o the same saut tide.

A teuch toun, whaur even the strand maks siller,
A roch Riviera gleys at the granite sea,
Wi a fun-fair squatteran roun the Muckle Dipper,
A sprauchle o stalls for sweeties and ice-a-da-cream
To fleech til the tongues o bairns o a fause simmer
And cant o the sun til bonnie bare-buff quines
On a bourached beach whaur crouds find crouseness in crouds,
Cantie to keek at the quines—
A blae Blackpool, but owre ayont it
A mile o naukit sand whaur nets for salmon
Gae wydan out waist-deep, and in ahint them
The links are streekit lang for the lane gowfer
To clour his clypie baa wi nane to claik
But sea-maws habblan aside the ae bit hous
In aa thon gant o green,
The ae bit hous the salmon-fishers' howff
They plenish wi gear for wark whaur ithers play.

This toun is free til aa that live by the land
And aa that live by the sea, for fermers' faces
And fishermens' faces, strang to thole and strauchle,
To rive frae the sweirt rock and the ruggan swaw
A rowth o smeddum, thae are the same
As mak weel-faur'd (or ill) the fowk o the toun,
Sen aa are bairns o the bairns o fishers and fermers,
They weir their faces eftir their grandshers' fashion,
Thae faces callered by country winds
Or stobbed by the stang o saut in wallochan watters
Look frae ahint a counter or owre a bar,
Frae a fitbaa croud or a queue at the pictur-palace,
Frae factory-yetts at yokan-time or at lowsan,
Or cleekit in Sabbath braws as the kirk skails,
Sic faces, fit to daur the dunt o storms
Frae clintie seas or bens as coorse as brine,
Mak city streets a warld o wild stramash
Whaur bonnie fechters bolden at ilka ferlie.

The tapmaist ferlie aye the toun itsel,
Graithed intil granite, stanced in stalliard stane,
A hard hauld, a sterk steid,
A breem bield o steive biggins,
Riven frae raw rock, and rockie-rooted,
She bares her brou til the bite o the brashy gale
Or stares back straucht at the skimmeran scaud o the sun,
Fowr-square til aa the elements, fine or foul,
Heedless o rain and reek
(Sen rain can only wash the reek awa),
For nocht can fyle her adamant face,
Itsel an armour proof til ilka onding.

Bonnieness-blind, thae fowk, for aa their birr!
Wha else, i the stanie straucht o Union Street,
Wi only the ae brig till open space,
Wad block thon brichtness out wi shargar shoppies?

---

strauchle, struggle   *rive,* force   *sweirt,* reluctant   *ruggan,* dragging
rowth, plenty   *smeddum,* force of character   *weel-faur'd,* good-looking
grandshers, great-grandfathers   *callered,* freshened   *stobbed,* roughened
wallochan, wallowing   *yokan, lowsan,* starting, finishing (work)
cleekit, imprisoned   *Sabbath braws,* Sunday best   *skails,* comes out
daur the dunt, face the blast   *clintie,* rocky   *coorse,* harsh
stramash, uproar   *bolden,* put on a bold face   *ilka,* every
ferlie, something strange   *graithed,* dressed   *stanced,* set
stalliard, sturdy   *hauld,* habitation   *steid,* place
breem beild, bleak refuge   *steive biggins,* well-made buildings
skimmeran scaud, shimmering gleam   *fyle,* spoil   *onding,* storm
birr, energy   *shargar,* paltry, feeble

What ither toun can blaw its blastie tooter
For siccan a rowth o temples til the Muses
(A pictur-hous for ilk ten thousand heid)?
Whaur else are fowk sae daft on 'the modern drama'
That time-woorn Hamlet plays til a toom haa
While even courtan couples howder in queues
Gin X sud mark the spot—and X aye marks it—
For spang-new Nocht-Nocht-Seeven?
Whaur else wad Gordon tak sic a hint frae the toun
And turn til the Art Gall'ry a gallus back?
Whaur else wad Burns far leifer glower at's gowan
Nor look his brither Scots i the ee—and lauch?
Na, na, he's nae amused—like vogie Victoria,
The cross queen stuid standan at Queen's Cross,
And even she, her face til the fyke o Balmoral,
Feels mair at hame in an artless airt nor Burns.

Ahint his back auld men find shool-the-board
A cantier ploy nor onie poetry clavers,
And neives that aince had haudden cleek or spad
Are grippit nou for a game
In a green howe at the hert o the granite toun,
Nae mair nor a sclim o steps frae the stane centre
Whaur business breeds in banks its paper bairns
And hous-insurance biggs its hames in haas
Abune the heids o leddies wi smaa leisure
(And smaa-er cheenge) that jink frae shop til store
In het pursuit o twa for the price o the t'ane,
Their ae fond dwaum the mak o a braw bargain,
Bonnier far nor a ballant threepit by Burns,
Thon daisy-daffer, deid in a thratch o debt.

Gin onie debt be here, it's haudden dern,
Happed ahin stanes that sclent the speak o siller
Frae raw on hauchty raw o terraced houses,
Their snawie fronts as clean as a banker's credit
And cauld as his arctic hert, a cranreuch beauty
Born frae the frore skinkle o iceberg stane,

blastie, puffing   siccan a rowth, such a wealth   toom, empty   howder, huddle
    spang-new, brand-new   gallus, unconcerned   gowan, daisy
        vogie, proud   fyke, freak   airt, place
    shool-the-board, draughts (shovel-board)   cantier, more pleasant
clavers, nonsense   neives, fists   cleek, salmon gaff   howe, hollow
    sclim, flight   biggs, builds   dwaum, dream   ballant, song
threepit, offered   daffer, wastrel   thratch, death throes   dern, secret
    happed, concealed   sclent, reflect   speak, talk   cranreuch, icy
        frore skinkle, frosty sparkle

The rock itsel (far mair nor the men that wrocht it),
The rock steekan its ain sterk style
On fowk whas foremaist fancy was biggan cheap
In hame-owre stane that speired the least o siller
To howk frae a hole out-by and bike in bields,
Syne fand themsels a fowk whas granite een
Were claucht in an icy wab o granite graithing,
A cauldrife chairm they never meant to mak
But hytered on by chance, the luck o the land.

Yet syne they socht to suit thon chancy chairm
Til notions stown frae beuks on 'aht end beauteh'—
Save us, a bonnie soss! Our sins in stane,
The graveyairds sprauchle gantan, their granite teeth
Asclent wi a deid skinkle, a gless girn
At nichtgouned angels far owre lourd to flie,
And nappied cherubs far owre cauld to flichter,
And whim-wham scrolls, and whigmaleerie urns,
The haill jing-bang bumbazed in a sacred scutter
To fleg the deid wi a fate that's waur nor daith.

But fient the fate has pouer to ding sic fauters,
In life they looked wi never a blink o the ee
At horror mair profane nor the pynes o hell,
Thon maister-monsterpiece the Marischal College,
A Gothic nichtmare, granite steered like glaur
Til ferlie frills and fancy flichtmaflethers,
Stookie insteid o stane,
Whaur sterkness, strength, the granite's only graces,
Are raxed and rived til pranksome prettifications,
The fraiky shots at grace o a graceless fowk.

But neither auld mistaks nor new mishanters
Can steerach the fine fettle o ferlie stane,
The adamant face that nocht can fyle,
Nae rain, nae reek,

            steekan, fixing   biggan, building
     hame owre, unpretentious   speired, required   howk, dig
     bike, put together   claucht, grasped   graithing, trappings
   hytered, stumbled   stown, stolen   soss, mess   gantan, gaping
 girn, grin   lourd, heavy   flichter, flutter   whim-wham, whimsical
    whigmaleerie, bizarre   bumbazed, confounded   scutter, muddle
 fleg, frighten   fient the, devil the   ding sic fauters, defeat such offenders
              pynes, pains   glaur, mud   ferlie, fantastic
      flichtmaflethers, fripperies   stookie, plaster   raxed, wrenched
 rived, torn   pranksome, playful   fraiky, insincere   mishanters, disasters
              steerach, destroy   fettle, vigour

Fowr-square til aa the elements, fine or foul,
She stares back straucht at the skimmeran scaud o the sun
Or bares her brou til the bite o the brashy gale,
Riven frae raw rock, and rockie-rooted,
A breem bield o steive biggins,
A hard hauld, a sterk steid
Whaur bonnie fechters bolden at ilka ferlie,
The city streets a warld o wild stramash
Frae clintie seas or bens as coorse as brine
For fowk sae fit to daur the dunt o storms
Wi faces stobbed by the stang o saut
Or callered by country winds
In a teuch toun whaur even the strand maks siller,
The sweel o the same saut tide
Clanjamfries crans and kirks by thrang causeys
Whaur cushat's croudle mells wi sea-maw's skirl,
And hirplan hame half-drouned wi the weicht o herrin
The trauchled trawler waffs in her wake
A flaffer o wings—a flash o faem-white feathers—
As the sea-maw spires i the stane-gray lift
Owre sworlan swaws o the stane-gray sea
And sclents til the sea-gray toun, the hert o stane.

ALEXANDER SCOTT

Coronach

(For the Dead of the 5/7th Battalion, The Gordon Highlanders)

Waement the deid
I never did,
Ower gled I was ane o the lave
That somewey baid alive
Tae trauchle my thowless hert
Wi ithers' hurt.

But nou that I'm far
Frae the fechtin's fear,
Nou I hae won awa frae aa thon pain
Back til my beuks and my pen,
They croud around me oot o the grave
Whar luve and langerie and blyness grieve.

brashy, stormy   *waffs*, flutters
coronach, dirge   *waement*, lament   *lave*, reminder   *trauchle*, burden
thowless, spiritless   *langerie*, homesickness   *blyness*, happiness

Cryan the cauld words:
'We hae dree'd oor weirds,
But you that byde ahin,
Ayont oor ugsome hyne,
You are the flesh we aince hae been,
We that are bruckle brokken bane.'

Cryan a drumlie speak:
'You hae the words we spak,
You hae the sang
We canna sing,
Sen daith maun skail
The makar's skill.

'Makar, frae nou ye maun
Be singan for us deid men,
Sing til the warld we loo'd
For aa that its brichtness lee'd,
And tell hou the sudden nicht
Cam doun and made us nocht.'

Waement the deid
I never did,
But nou I am safe awa
I hear their wae
Greetan greetan dark and daw
Till I their biddin dae.

ALEXANDER SCOTT

Scotch Oil

On troubled
Water.

ALEXANDER SCOTT

Butterfly in the Shiprow

Old, round, pale-orange stones, warm in the sun,
Nettles, a ragged splash of green, hard by,
And on the green a fiery butterfly,
A vivid sparkle in that dusty street.

dree'd oor weirds, endured our fate   ayont, after   ugsome, terrible
hyne, departure   bruckle, fragile   drumlie, obscure, confused
speak, speech   sen, since   skail, destroy, spill out   makar, poet
for aa, despite the fact   daw, long, slowly

153

It might be small enough surprise to meet
A Painted Lady there, and scarcely more
The odd Red Admiral, so near the shore,
Zig-zagging into town in search of fun.
    This was a Tortoiseshell, its wings outspread.
    Blue-fringed, black and white spotted, orange-red,
    It spiralled up, past vision, and away,
    Leaving the street below suddenly dead;
    It's ill for butterfly—or man—to stay
    Among stone walls on such a summer day.

G. A. McINTYRE

There in the Mirror

There in the mirror I glimpse him,
dark smoothly-parted hair,
cheeks red and shaved with care
and an open razor; brushed and dressed
in black camphorated Sunday best;
a big man.
             Rough clothes put away—
no salty oilskin chafes the neck—
he exchanges tarry deck
for polished pew on Sabbath day.

Protected from high living
by Presbyterianism and poverty,
on pleasures of the flesh a ban,
yet joyful in his love of God and man,
he died, the cancer at his breast,
wasted, yellow and agonised.
My faith not his was lost.

I circle buzzing razor round
my cheeks, haloing father which art
(seconds only have unwound
since I stared into the mirror-ground)
in heaven. I shiver to see pent
anguished and uninnocent
a stranger in his place—
my own Sunday face.

KEN MORRICE

Back Ward

There's no spreading out here.
The beds are too close for a start.
There's not much room for anything
really. If you even fart

everybody hears. Our lavatories
bear no locks and people see
over the doors. Defaecation, I think,
should not be communal. To pee

or not to pee becomes a question
not so much of evacuation
as of participation. Conspicuous
waste-disposal. Consumption

too. We eat in a dining-hall
big as a barn and noisy as
a shipyard on piecework.
Lucky is the man who has

a family to sit down with
and a room to call his own.
Through crowded corridors I wonder:
how does it feel to be alone?

What, I ask you, in the name
of all that's dear
(like technological and social progress)
are all these people doing here?

KEN MORRICE

Torry Rocks

We're a' awa' tae Torry rocks,
Tae Torry rocks, tae Torry rocks,
We're a' awa' tae Torry rocks,
Ta gither dulse an' tangles.

(To the tune of 'The Barren
Rocks of Aden')

The Dook

Mair nor a week gaed bye
afore we'd dook again frae yon
shore. Roddy jaloused it was
sacking wi dulse for hair;
Alick a tattiebogle caad
doon the Dee in Simmer flood.

Caiperin aboot we cast stanes
at it and an empty bottle.
Syne I splashed oot tae haul
it in, pechin back fyte
and fleggit, rinnin tae fetch
bobby Duncan tae come and see a deid man.

Quait and wyce we sat aa aifterneen,
being jist bit loons
and daith cam ower seen.

KEN MORRICE

The Dee

Bloodthirsty Dee
Each year needs three,
But bonnie Don
She needs none.

St. Nicholas Kirkyard

Nicholas carillon shivers the timbers
of many a merchant and his matron
cosily laid and lined and douce
beneath the dodging dusty pigeons
that potter and pout and peck
about their monuments and scrolls:

dook, bathing   jaloused, imagined   tattiebogle, scarecrow
caad, carried   pechin, panting   fyte, white   fleggit, frightened
wyce, solemn   jist bit loons, mere boys   seen, soon

156

Tenses the titillating couples lying
    not in incongruity but some discomfort
    on anti-resurrectionist stone tables
    or propped on shiny slabs of slate
    worn thin and polished by the shoes
    of worshippers in Sunday best
    for the rigours of bygone Scottish sabbaths:

Quivers antennae, spars and ropes
    of coasters and banana boats
    snugly warped by cables
    to the comfort of the quay:

Bounces off the granite sides of wynd and lane
    and rollicking among the chimney pots
    is rooftop-tumbled down to busy pavements
    cheering hearts and springing steps:

Or when the wind has happed
    that northern sea-soaked shawl of haar
    round turret tenement and spire
    constricting all the universe
    to little points of sound—
    what if the muffled melody remind us
    of our destinies and destination?

There is music in October evensong
    as fine as in the matins of July.

And that long dead grammarian
    vir eruditissimus
    who tranquille placideque vixit
    and might be much perplexed at first
    were he to wake among the lovers
    twining on the graves
    would no doubt in his wisdom soon regain
    his classical composure.

Refuse to be misled by casual circumstance
    and false analogy
    into misleading rhetoric
    about the changing times.

                              BILL McCORKINDALE

    vir eruditissimus, a most learned man
tranquille placideque vixit, lived peacefully and calmly. (Latin phrases from an
inscription.)

Inscription at Fittie Kirkyard

George Davidson, elder, burgess, Abredonensis,
Bigit this dyk on his own expenses.

Fishmarket

In the banshee nights of northern gales
Port-red and starboard green
Pitch in the cold of winter;
Under moonlight, under deck-light
Cod and haddock, plaice and sole,
Are bronze and silver, copper and gold
For the maw of a granite market.

Where the raucous gulls will scream and swoop and snatch
As strident fishmen call the tune
Of price and weight and bid
That soars among the leafless spars
And branches of black masts against the sun
And smokestack stumps and chimneys
Above the tackle rattle
The creak of line and sigh of rope.

But sometimes in a clammy stillness,
Sea calm, gulls silent, traders gone,
Through the shimmer of evening
Over the oil-dark water comes
A melody so razor-thin it is not heard
But felt as a chill along the spine
Of loneliness abroad an empty ocean

And indifferent death
Beneath an Arctic sky.

BILL McCORKINDALE

Mongol Quine

Elbucks on the herbour wa
the mongol quine
collogues
wi hersel.

Abredonensis, Aberdonian (Latin)   *bigit*, built
elbucks, elbows   *quine*, girl   *collogues*, talks confidentially

Her blond ba-heid wags
frae side to side.
Noo she's a clock-hand
noo a croon.

Wha said grace and grouwin
tae this mistak?
A ban was on her
frae furder back.

Nievie nievie nack nack
whit hand 'll ye tak tak?
She got the wrang hand
and didna pan oot.

She got pig's een
a bannock face
and hurdies that rowed
like twa muckle bools.

She wints for naething. Yet
she's singin till the distance,
Ayont the hert-brak her een
are set for ever on an unkent airt.

ALASTAIR MACKIE

Gangster Picturs

I mind the pre-war gangsters of the 'Belmont'
and the 'Hippodrome'. The black slap o
Hitler's coo's-lick waggit i the news reel
and muckle boots daddit tae the dird o drums.
It was a lauch afore the big pictur.

Their hankies cut like shark's fins on their
double-breistit suits. Their chafts had scars,
blae furs the razor plood. They grund
the doup ends o cigars and when they puffed
menace was a white reek i the air.

ba-heid, round head   grace and grouwin, a blessing at a christening
          (grouwin, growth)   ban, curse
Nievie nievie nack nack, chant for children's guessing game   (nieve, fist)
pan oot, work out satisfactorily   hurdies, buttocks   rowed, rolled
      till, to   ayont, beyond   airt, quarter of the sky
   daddit, thudded   dird, beat   lauch, laugh   chafts, jaws
      blae furs, blue-grey furrows   doup, butt

I mind their sub-machine guns hubberin
through umpteen states; the boombs they made o banks;
the bloody mail they postit through the doors.
They swankit thro the sma oors pluffin leed.
(The blitzkrieg hadna kythed in Hitler's een.)

Douce as bankers they sat in muckle rooms
o the best bad taste. Ice shockles o
the candelabra skimmered ower the czars
wi fremmit names: Dillinger, Lepke, Capone.
They pit their heids thegither and men deed.

They were the true killer bourgeoisie
ruggin and rivin in their siver life,
their instincts triggers they gaed sheeting aff.
For aa the glamour o their merchandising
it was a sma warld—thro their guns' howe een.

Their wudness and empire were sma-boukit
i the end. They hadna Hitler's blue deils—
i the mirknin o his heid Europe's camps
streekit oot their agonisin squares,
the morn the warld, horizons o the rackets.

ALASTAIR MACKIE

Châteux en Ecosse

'Lauchin at the puffin-lowe.'
I mind her yet hurklin owre the ingle
the deid auld body o my grandmither
croonin tae the firelicht unkent wirds.
'Puffin-lowe'. The winter gleed lauchit back
at her Lallans.

hubberin, stuttering   pluffin leed, puffing lead, as in a pea-shooter
kythed, shown itself   douce, respectable   ice shockles, icicles
skimmered, glittered   fremmit, foreign   ruggin and rivin, plundering and stealing
siver, sewer, gutter   howe, hollow   wudness, madness
sma-boukit, small-scale, limited   mirknin, darkening   streekit, stretched
lauchin, laughing   puffin-lowe, smoking flame
hurklin, sitting huddled   ingle, fire   croonin, singing gently
wirds, words   gleed, live coals

'Fit sa ye there?'
The poker duntit on the coals in time.
I maun hae dwaumed at her speirin yon
and drooned in the hert's bluid o the aizles.
I didna ken the jingle was an orphelin
that had langsyne tint the family o the tongue
and quavered noo i the auld wife's craig.
It nott a bleeze like yon tae gar it spik.

'Aa the widden-dremers.'
Whit did she mean? it was her deid forebears
(and mine) makkin ballants frae a bleeze
on winter nichts, workin fowk brakkin oot
o history and their crubbit lives, gaupin
at a lowe. And forby it was mebbe me.
Then and noo.

'Biggin castles i the air.'
Frae hyne awa I hear an auld wife sing
a kinna dregy till an ingle-gleed.
Here's me blawin on the cauld ess o her tongue
tae bigg, châteaux en Ecosse, thae bit poems.

ALASTAIR MACKIE

Peterhead in May

Small lights pirouette
Among these brisk little boats.
A beam, cool as a butler,
Steps from the lighthouse.

Wheelroom windows are dark.
Reflections of light quickly
Slip over them tipsily like
A girl in silk.

fit sa ye, what did you see
duntit, thumped   *maun hae dwaumed*, must have fallen into a daydream
speirin yon, asking that   *drooned*, drowned   *aizles*, hot coals
orphelin, orphan   *tint*, lost   *craig*, throat   *nott*, needed
spik, speak   *widden-dremers*, confused dreamers   *ballants*, songs
crubbit, narrow   *gaupin*, staring   *lowe*, glow   *forby*, moreover
mebbe, may be   *hyne awa*, far away   *dregy*, dirge   *ess*, ash
châteaux en Ecosse, castles in Scotland, refers to French expression
châteaux en Espagne, castles in Spain, castles in the air

One knows there is new paint
And somehow an intense
Suggestion of ornament
Comes into mind.

Imagine elephants here.
They'd settle, clumsily sure
Of themselves and of us and of four
Square meals and of water.

Then you will have it. This
Though a grey and quiet place
Finds nothing much amiss.
It keeps its stillness.

There is no wind. A thin
Mist fumbles above it and,
Doing its best to be gone,
Obscures the position.

This place is quiet or,
Better, impersonal. There
Now you have it. No verdict
Is asked for, no answer.

Yet nets will lie all morning.
Limp like stage scenery,
Unused but significant
Of something to come.

BURNS SINGER

Aberdeen

Mica glittered from the white stone.
Town of the pure crystal,
I learnt Latin in your sparkling cage,
I loved your brilliant streets.

Places that have been good to us we love.
The rest we are resigned to.
The fishermen hung shining in their yellow
among university bells.

Green lawns and clinging ivy. Medieval
your comfortable lectures, your calm grammar.
The plate glass windows showed their necklaces
like writhing North Sea fish.

Nothing will die, even the lies we learn!
Union Street was an arrow
debouching on the crooked lanes, where women
sweated like leaking walls.

IAIN CRICHTON SMITH

Foveran Sands

We went to see the old church yard little left
among rabbit droppings and cleft beer cans
saw geese too cropping the grass in a field
and watched the winter-setting sky like a brass
wedge splitting the world at its sea rim;
but that was later and on the way home.

Bare trees edge the yard and no way back
to the generations in their day who lived here
knelt to pray among the brown pews
laid flowers on the Episcopalian earth
wed and mourned their own with reverence
and conspired me here by their various coupling.

Where I found John de Turin a Norman knight
long parted from his fellows: his contrite effigy
among the plainer graves of several great aunts
is as celibate as the man with a scarlet toy
so intricately employed among the sheds beyond
—a model bi-plane speeds over Foveran sands.

Like a saw among birches the tiny motor
echoes on no-man's-land. (1916) The snow
on the straw-brittle grass at our feet
and the neat gravestones remind us
hourglass scythe crossed bones
and a skull repeat there is no going back.

For it is too late to put down all that happened
here before my grandmother's family moved to town
too late to ask the business of those I never knew
old clothes faces on a photograph who pursue
their yellowed fading picnic in the attic
and not among these stones with half-familiar surnames.

In the end I can boast that we did go back
to a sea-coast village and saw the church yard
where ancestors lie. The sun in the sky

was black as a silver coin hard
and worn smooth at the edge like a knife.
And afterwards we were warm inside the car.

The model aeroplane was controlled by radio.
It was bright red and very beautiful.
He sent it out to the sand-dunes
over rocks sea grass and salt pools
and brought it back very gently to land.

Were the man to stand say with his arms apart
he would touch its wings from tip to tip
in a perfect span—to hold the winter months
of all last year his hours of patient building.
And that moment of lost time complete
rigged and fuelled flew for him today.

RODERICK   WATSON

The Prize Pupil

*The moulded, conditioned, disciplined, repressed child—the unfree
child, whose name is Legion, lives in every corner of the world . . .*

A. S. NEILL

Time off from exams we cluster
round the local paper;
whiff of chalk, black gowns.
Not so envious perhaps as proud,
for there it is—THE CLASSICS PRIZE,
FIRST OUT OF THREE HUNDRED.
We count the column inches.

'I always knew he would do well,'
someone says.
'Gave me a lot of trouble. Still . . .'
another.
Still. It gives you a warm
glow, inside, reminds you of your
student days, the noisy bars, the Rugby crowd.
Perhaps you didn't do quite so well,
at least he was your pupil
for a while.

164

The paper is put away.
The bell reminds us of our roles.
We disperse, each of us for a moment was
the holy lad o' pairts.
Bad tempered now and sadly cruel
returning to our rooms to quarrel
over half a mark, our heads held high.

We hunger in awe at such brilliance.
First Prize! We savour fame and
remember what is left,
the purple pall, the solemn Latin,
the glorious perorations.

JAMES RANKIN

Prosperity

Here's health, wealth, a' yer days
Plenty o money an plenty o claes,
A horn cup an a wooden speen
An a great big tattie when that yin's deen.

Oilmen

It wasn't the Springtime or the Autumn.
It was the winter that the strangers came
and offered money for our lives.

We are the people who were never fooled
or swung off balance like the others.
We saw through many a kilted boast.
We held back from the iron raiders.

I told them this, and I said—
you have no notion how they'll use us.
But their necks stretch to suck the sea,
their ears are full of the black
wealth chocking.

From all this, I make a song.
The power will always be the gold
and the barrel of the gun.
Poetry is the report
in whatever space is left.

ROBIN MUNRO

Sandy Low of Clatt

Beneath this stane upon this knowe,
Lies single-handed Sandy Low.
He wrote a book nae man could read.
Noo book an' author baith are deid.

Notes

Love Verses (Page 8)

Montrose is speaking of his love in language drawn from the political and religious troubles in which he himself figured so prominently. But is he addressing a woman? Or Scotland?

Bonny John Seton (Page 9)

When Montrose at the head of a Covenanting army tried to seize Aberdeen in 1639, his passage was barred at the Bridge of Dee by a Royalist force under the Earl of Aboyne. John Seton of Pitmedden, one of Aboyne's followers was killed when Montrose's cannon came into play. Aboyne's party retreated and Montrose was able to capture the town. The Forbeses of Craigievar and Druminnor were on the side of the Covenant.

The Gordons (Page 11)

For centuries the various branches of the Gordon clan, with the Earls of Huntly at their head, dominated the Northeast. Their vicious feuds with rival families bulk large in the balladry of the region. 'The Gordons had the guidin o' it' is an old expression that indicates the popular view of their influence as magnates. The arrogance attributed to the 'Cocks o' the North' is neatly deflated in the Aberdeen street jingle:

> 'He thocht he was Cock o' the North
> But he was only Cock o' the midden'.

The Bog of Gight is the name of the original Gordon stronghold at Fochabers. It is not to be confused with Gicht castle on the Ythan.

Curses and Prophecies (Pages 11–12)

Traditionally the responsibility for many of these insulting rhymes is displaced on to the shoulders of the half-legendary Thomas of Erceldoune, Thomas the Rhymer; but obviously the fragments reflect what ordinary folk thought, but dared not say, about the lairds who ruled their lives. One lairdly reaction to this underground irreverence is to be seen in the motto of Earl Marischal.

Thomas was commonly called 'True Thomas', but one of the Earls of Buchan is said to have rashly named him 'Tammas the Liar'. The Earl was, soon after, thrown by his horse and killed!

The Battle of Harlaw (Page 13)

In 1411 the safety of Aberdeen was threatened by the Highland army of Donald of the Isles advancing through the Garioch. The Earl of Mar with a force which included an Aberdeen contingent led by the Provost met and defeated Donald at Harlaw a few miles north of Inverurie. The ballad makes the Forbes family seem the heroes of the fight. The late Jeannie Robertson's rendering of 'Harlaw', is perhaps the most famous of all recordings of traditional ballad singing.

Burning of Auchindoun (Page 19)

The ruins of Auchindoun Castle are still to be seen on the river Fiddich near Dufftown. In 1592 the Macintoshes in revenge for the Earl of Huntly's part in the murder of the Bonny Earl of Moray invaded Gordon lands in the Cabrach and attacked Auchindoun.

Edom o' Gordon (Page 15)

In 1571 some followers of Adam Gordon of Auchindoun attacked a Forbes stronghold on upper Donside (either Towie, opposite Glenkindie or Corgarff at Cock Bridge). In Forbes's absence his wife refused to surrender, so the Gordons put the house and all its inhabitants to the flames.

The Baron of Brackley (Page 19)

The setting is Glenmuick near Ballater. The ballad records an episode, or combination of episodes, in a feud between the Gordons of Brackley and the Farquharsons of Inverey on upper Deeside.

Arradoul (Page 21)

The old Tolbooth of Aberdeen, the 'Mids o' Mar', was notoriously easy to escape from. In 1638 Gordon of Arradoul killed Leith of Overhall in a duel and was imprisoned in the Tolbooth. He made his jailers drunk and then walked out of prison in broad daylight.

The Fire of Frendraught (Page 21)

In 1630, at Frendraught near Forgue, Lord John Gordon, eldest son of the Marquis of Huntly, and his companion William Gordon of Rothiemay perished in suspicious circumstances when the castle in which they were overnight guests burned down. Their host James Crichton of Frendraught, an old enemy of the Gordons, was rumoured to have engineered the blaze. His guilt was never clearly established despite lengthy proceedings in Edinburgh involving the judicial torture of his servants. Sympathizing with Lord John's widow, Sophia Hay, Arthur Johnston wrote two Latin poems on the fire libelling Lady Frendraught and demanding savage penalties. Whether or not the fire was really an accident is one of the classic mysteries of Scottish legal history; but the ballad is in no doubt as to the identity of the criminal.

The Laird o' Drum (Page 24)

The Irvine family held the lands of Drum on Deeside from the time of Bruce until the present day, and the stark keep of Drum is seven hundred years old. This ballad tells of a seventeenth-century laird, Alexander Irvine, who for his second wife married well beneath his lairdly station.

Eppie Morrie (Page 29)   *Katherine Jaffray* (Page 31)

Many of the ballads of the Northeast are true 'border' ballads, the border being the frontier between the Gaelic-speaking highlands and the Scots-speaking lowlands. This line ran from Glenesk by the Forest of Birse and the Pass of

168

Ballater, skirting the Garioch, into Strathbogie. Out of the west came caterans, wild naked 'Irishes', thieves of cattle and womenfolk, jolly beggars, wandering pipers and fiddlers, impoverished chieftains and penniless students—all of whom the douce lowlanders ridiculed and feared; but perhaps secretly admired.

Eppie Morrie is set on Donside. *Katharine Jaffray* is the inspiration of Sir Walter Scott's more genteel Young Lochinvar in *Marmion*.

The Wee Folk's Curse (Page 34)

When the last Gordon laird of Blelack near Tarland employed a local wizard to expel the fairies from a sheltered glen on his estate, they cursed him in revenge.

Tifty's Annie (Page 35)

The seventeenth-century story of Agnes Smith and Andrew Lammie, the trumpeter of Fyvie, is one of the most popular romances of the Northeast. The figure of a trumpeter on the roof of Fyvie Castle is said to commemorate Andrew, and Annie's grave is still pointed out in Fyvie churchyard.

Oh! Gin I Were Where Gaudie Rins (Page 39)

The Lourin Fair (Laurence's Fair) was an old market held in mid-August at Rayne in Aberdeenshire, and also at Laurencekirk in the Mearns. See David Rorie's *Elspet*.

Macpherson's Rant (Page 42)

In 1700 James Macpherson, a Speyside gypsy fiddler with a glamorous reputation for daring theft, was sentenced to be hanged at the Cross of Banff. The execution was to take place during the afternoon of the Friday market on 16 November. The Laird of Grant managed to procure a temporary reprieve for Macpherson's co-defendant, Peter Brown; but Macpherson, it seems, was duly hanged.

Around his capture and death a wealth of legend has developed. It is said that like *Arradoul* (qv) he broke out of the Mids o' Mar, and that a gypsy girl whom he loved was used as bait to lure him into a trap. Other traditions associated with his death appear in the folk song—the final tune, the breaking of the fiddle and the advancing of the town clock.

There still exists a fiddle tune reputed to be Macpherson's gallows composition, and his broken fiddle is to be seen in the Clan Macpherson museum at Newtonmore.

The Battle of Corrichie (Page 44)

In the summer of 1562 Mary Queen of Scots, despite her religious sympathies, was quarrelling with the troublesome, Catholic Earl of Huntly. Outlawed and desperate, Huntly tried to march on Aberdeen; but the Queen and the Earl of Moray moved westwards to block his route near Banchory. The two armies met in a fold of the Hill of Fare at Corrichie and Mary was victorious. Huntly dropped dead in his armour and Moray, according to tradition, later forced Mary to witness the execution of Huntly's son John who was reputedly in love with her.

The Monymusk Christmas Ba'ing   (Page 52)

This poem was probably written when Skinner was himself the 'inset Dominie' of Monymusk. It is modelled on the fifteenth-century comic poem, *Christ's Kirk on the Grene*, a work that Skinner liked so much that he also translated it into Latin. The Scots of *The Ba'ing* must have seemed old-fashioned and difficult even when it first appeared in 1788.

The Ewie wi' the Crookit Horn   (Page 56)

Even in Skinner's lifetime the view got about that this song was a veiled metaphoric praise of an illicit whisky still, the crooked horn being the copper 'worm' of the still. However, Skinner's family, comically careful of his good name as a clergyman, did their best to suppress this interpretation.

Napoleon at Moscow   (Page 64)

In this rendering of Napoleon's doomed Russian campaign of 1812, Sandy is the Tsar Alexander. By an interesting coincidence the Russian commander-in-chief responsible for the scorched earth policy that lured Napoleon on to Moscow was Michael Barclay de Tollie whose ancestors were Barclays of *Towie Barclay* (qv). General Kutusoff replaced Barclay before the Battle of Borodino.

The Kelpie's Curse   (Page 72)

One of the Grahams of Morphie on the North Esk is said to have trapped the Kelpie from the local Ponnage Pool and harnessed him as a source of power for his mill. According to the legend the standing stone still to be found in the front courtyard of Stone of Morphie farm was used for tethering the reluctant kelpie. Naturally the monster pronounced a curse on the laird.

Miss Gordon of Gight   (Page 72)

Lord Byron's mother was a Gordon of Gight. When she married a spendthrift young English aristocrat, the Honourable John Byron, local folk gloomily but accurately predicted the ruin of the estate.

Martin Elginbrodde   (Page 83)

This epitaph occurs in George Macdonald's novel *David Elginbrod*. David describes a strange old gravestone that he has seen in an Aberdeen churchyard, and he muses about the long dead Elginbrod who might have been an ancestor of his:

'For ae thing, a body had but feow ways o' sayin his say to his brither-men. Robbie Burns cud do't in sang efter sang; but maybe this epitaph was a' that auld Martin was able to mak'. He michta hae had the gift o' utterance— Noo what better could puir auld Martin do, seein he had no ae word to say i' the kirk a' his life lang, nor jist say his ae word, as pithily as might be, i' the kirkyard, efter he was deid; and ower an' ower again, wi' a tongue o' stane, let them tak it or lat it alane 'at likit?'

The Travelling Preacher (Page 101)
Throughout his circuit the minister thriftily used only one sermon, based on the Old Testament story of Elijah and the widow's barrel of meal (1 Kings, Chapter 17, verses 7–16).

Elspet (Page 115)
For Lourin Fair see note on *Oh! Gin I Were Where Gaudie Rins.*

The Tinks (Page 118)
Aikey Fair, Peter Fair and St. Sair's Fair were popular annual markets held at traditional open-air stances where the tinker folk regularly foregathered. Other ancient markets were the Lourin Fair, Porter Fair and Paldy Fair. Douglas Brae was a Banffshire slaughterhouse.

The Curse of Forvie (Page 126)
The wanderings of the great coastal dunes of Culbin on the Findhorn estuary and Forvie on the Ythan are said to have overwhelmed whole medieval villages. According to legend, the obliteration of Forvie was brought about by a curse pronouned by the daughters of the Laird of Forvie.

The Ponnage Pool (Page 127)
The Ponnage Pool, Morphie Lade and Martin's Den are located on the North Esk at Morphie, the spot associated with the Kelpie. See *Arnha' Meets the Kelpie.*

Fishwife (Page 137)
The fisher-folk of Fittie on the north bank of the Dee estuary have always regarded themselves as a distinct community set apart from Aberdeen.

Trawler (Page 138)
The Wallace Tower, a town lodging of the Lairds of Benholm, stood on the ancient Netherkirkgate of Aberdeen. It was latterly in use as a pub, but was demolished to make way for a Marks and Spencer store, and rebuilt stone by stone in the Seaton Park near St. Machar's Cathedral.

Aberdeen, the Granite City (Page 142)
Assembly Rooms—the original name for what is now known as the Music Hall on Union Street in Aberdeen.

The Boddamers Hanged the Monkey (Page 143)
The people of Boddam were traditionally so ignorant that they had never seen a monkey before. They thought it was some kind of foreigner and hanged it; but to be on the safe side, they gave it a Christian burial. To tease the inhabitants of Peterhead and Boddam ask 'Fa beerit the monkey?' The inhabitants of Banff are said to be similarly roused by 'Fa hingit Macpherson?'

Up the Gallowgate   (Page 146)

This fragment is associated with both Glasgow and Aberdeen, both having a Gallowgate and a Green. Which of the two it suits best is a matter of personal taste. The 'schoudy poudy' bairnrhyme takes many forms in Aberdeen. See also *The Marquis of Montrose*.

Châteaux en Écosse   (Page 160)

The poet's grandmother is singing a version of the Victorian nursery song, *Castles in the Air*, by James Ballantine.

Acknowledgements

THE EDITOR and publishers would like to thank the following for permission to reprint copyright material: Dr Anna Shepherd for 'Caul', Caul' as the Wall' by Nan Shepherd from *In the Cairngorms*; Mrs R. C. Garry for 'The Professor's Wife' and 'To Suffie, last of the Buchan Fishwives' from *Bennygoak and Other Poems* by Flora Garry; Mrs J. C. Milne for 'O Lord Look Doon on Buchan', 'Beery Me Owre at Peterheid', 'Havers!', 'Tipperton' (1), 'Discipline', 'Jean Calder', 'The Proposal' and 'Farmer's Wife' from *Poems* ed. Nan Shepherd (Aberdeen University Press); Mr R. Watson for 'Foveran Sands' by Roderick Watson from *Made in Scotland*, ed. Garioch (Carcanet Press); Secker & Warburg for 'Culbin Sands' and 'The Signpost' from Andrew Young's *Complete Poems*; The Song Book Committee for 'Shon Campbell' by W. A. Mackenzie from *The Scottish Students' Song Book* (1897); Mr John Gray, Executor of the late Sir Alexander Gray, for 'Scotland', 'The Auld Earl o' Huntly', 'The Three Kings' and 'The Deil o' Bogie' by Sir Alexander Gray; Reprographia Publishers for 'Background', 'The Ponnage Pool' and 'Overdue' from *Collected Poems* by Helen B. Cruickshank; Mr G. A. McIntyre for 'Butterfly in the Shiprow'; Dr J. K. W. Morrice for 'There in the Mirror', 'The Dook' and 'Back Ward'; Edinburgh University Press for 'The Curtain', 'A Boy's Saturday Night', 'The Red Sky', 'Aberdeen, the Granite City' and 'Praising Aberdeenshire Farmers' by George Bruce from *The Collected Poems*; Mr P. Buchan for 'The Buchan Clan' from *Mount Pleasant and Other Poems* by Peter Buchan; Mr I. Crichton Smith for 'Aberdeen'; Mr A. Scott for 'Coronach' by Alexander Scott from *Selected Poems 1943–1974*, and for 'Heart of Stone' and 'Scotch Oil'; Carcanet Press Ltd for 'Peterhead in May' from *The Collected Poems* by Burns Singer; Mr G. S. Fraser for 'Lean Street' and 'Hometown Elegy' by G. S. Fraser from *Hometown Elegy*; Faber & Faber for 'The Sang' and 'The Silver City' from *Sun and Candlelight* by Marion Angus; Mr W. F. McCorkindale for 'Fishmarket' and 'St. Nicholas Kirkyard' from *Fragments Against Ruin*; 'The Scotsman' for 'An Epitaph' by W. M. Calder; Aberdeen University Press for 'There's Aye a Something' and 'Advice to the Sit-siccars' from *The Last Poems* by Charles Murray; Mr A. Mackie for 'Mongol Quine', 'Gangster Picturs' and 'Châteaux en Ecosse'; James S. Kerr Music Co Ltd for 'A Pair o' Nicky Tams' by G. S. Morris; Messrs Paull & Williamsons for 'Neebors', 'Tinkler Pate', 'Elspet' and 'The Obituary Notice' by David Rorie from *The Lum Hat Wantin' a Croon and Other Poems*;

Macmillan Publishers for 'A Fisher's Apology' by Arthur Johnston, translated by Hugh MacDiarmid and G. E. Davie, from *The Golden Treasury of Scottish Poetry*, on which the verse translation by James N. Alison in this book has been based; the School of Scottish Studies, University of Edinburgh, for 'Toast' (given the title 'Prosperity') from *Tocher*, 6, 1972, and for 'Broadsheet Seller' from *Tocher*, 11, 1973, (ed. A. Bruford) and for *Rhynie* (John Strachan's version); Topic Records Ltd for Ewan MacColl's version of 'The Baron of Brackley' from *English and Scottish Folk Ballads*; Arthur Argo and the Greig family for 'The Souters' Feast', 'Alan MacLean', 'Pitgair', 'The Tarves Rant' and 'Oh! Gin I were Where Gaudie Rins' from *Folksong of the North East* by Gavin Greig, edited by Kenneth Goldstein and Arthur Argo, published by Folklore Associates; Routledge & Kegan Paul for 'John Bruce o' the Forenit' from *A Scottish Ballad Book*; the Scottish Text Society for Horace, Book 1, Ode IX by Vanlu from *Poems* by Robert Fergusson, edited by M. P. MacDiarmid; the BBC broadcast 'The Boddamers Hanged the Monkey' on *Scottish Magazine* 1974–5; Mr W. Robertson for 'The Jolly Beggar'; Mr H. Henderson for 'Macpherson's Rant'. It has not been possible in all cases to trace sources. The publishers would be glad to hear from any unacknowledged copyright holders.

Index of Titles and First Lines